Enquête sur La Famille,
une mystérieuse communauté religieuse

Étienne Jacob

Enquête sur La Famille, une mystérieuse communauté religieuse

Préface de Charline Delporte

éditions du
ROCHER

À Laëtitia

Tous droits de traduction,
d'adaptation et de reproduction réservés
pour tous pays.

© 2021, Groupe Elidia
Éditions du Rocher
28, rue Comte-Félix-Gastaldi
BP 521 – 98015 Monaco

www.editionsdurocher.fr

ISBN : 978-2-268-10617-5
EAN epub : 9782268106458

Préface

« L'avenir est quelque chose qui se surmonte. On ne subit pas l'avenir, on le fait. »
Georges Bernanos

Quand M. Étienne Jacob, journaliste au *Figaro*, m'a demandé de préfacer l'ouvrage qu'il venait de rédiger à la suite de la grande enquête qui l'avait amené à rencontrer la communauté « La Famille », je n'ai pas hésité une seconde.

Parce que je salue la qualité de son enquête qui n'oublie rien de l'origine historique et sociologique de cette communauté secrète et mystique, des inquiétudes liées à son fonctionnement et des conséquences de ses concepts, préceptes et pratiques sur ses membres, notamment mineurs.

Parce que je le sais être au courant du « fait sectaire » et ainsi à même de savoir en parler avec conscience et recul, pour avoir travaillé avec lui sur différents sujets liés aux théories complotistes les plus farfelues et aux déviances de toutes sortes, y compris sectaires, que la crise sanitaire et les périodes de confinement ont libérées.

Parce que je vois tout l'intérêt qu'il y a de recommander son ouvrage au lecteur, qui, même limité à l'examen d'une seule communauté parmi tant d'autres de même nature, permet de mieux appréhender le fait sectaire tel qu'il peut être, tout en mettant à jour ce qui permet qu'il se maintienne dans l'espace et dans le temps : « l'emprise sectaire » qui lui est liée, avec ses dérives et dommages.

« L'emprise sectaire » qu'il est au demeurant fort difficile de déceler car c'est une forme très spécifique de mise en état de sujétion dont le processus peut se décliner en plusieurs aspects et phases : la séduction, l'endoctrinement, l'adhésion, la rupture. Toutefois, afin de ne pas imputer à tort un changement d'attitude et de comportement qui pourrait avoir d'autres origines comme une pathologie mentale ou un trouble de la personnalité, il convient toujours de se référer aux 10 critères de dangerosité établis par le rapport parlementaire (AN) n° 2468 de décembre 1995, combinés aux 10 critères de l'emprise mentale établis par Philippe-Jean Parquet, professeur en psychiatrie infanto-juvénile.

Ces critères généraux visant à qualifier de sectaire – ou pire encore de secte – tel ou tel groupe, s'ils sont nécessaires, ne sont toutefois pas suffisants comme le montre M. Étienne Jacob qui, s'agissant du fonctionnement de « La Famille », y découvre bien des pratiques plus ou moins affirmées de déstabilisation mentale, d'embrigadement des enfants, de discours antisocial mais pas d'exigences financières particulières, ni de troubles à l'ordre public. De plus, ces critères mal utilisés hors d'une saine analyse peuvent concourir à enfermer un peu plus encore les membres de ce groupe dans le sectarisme qui le caractérise en leur niant toute possibilité de vie ou d'évolution individuelle. Alors même qu'au travers des nouveaux médias sociaux les langues, notamment des plus jeunes, commencent véritablement à se délier

C'est pourquoi, nous avons jugé préférable, au sein de l'association nationale que je préside, le CAFFES[1], de ne pas nous attarder sur l'applicabilité à tel ou tel groupe de ces critères généraux, et de ne les utiliser qu'au cas par cas, de manière individualisée, lors du premier entretien que nous avons avec les familles et personnes concernées pour évaluer le caractère véritablement sectaire de l'état de sujétion dans laquelle elles et leurs proches disent se trouver. Si ce caractère est établi ou pressenti, nous pouvons alors leur proposer, en lien et avec le concours de l'entourage familial le plus proche, un accompagnement personnalisé de A à Z, ordonnancé sur une plus ou moins longue durée, selon différents « temps » :

- Le temps de l'accueil car il n'est pas simple de se décider à venir nous rencontrer.
- Le temps de l'écoute avec un bénévole ou un salarié formé à cet effet, dans un contexte associatif, bénévole et désintéressé qui se veut, conformément à nos statuts, toujours familial.
- Le temps du récit qui s'accompagne de beaucoup de souffrance, de détails livrés et de questions et qui se doit d'être le plus libre possible afin de rendre aux personnes le temps et la parole qui leur ont été dérobés durant l'emprise subie.

---

1. Centre national d'Accompagnement Familial Face à l'Emprise Sectaire.

- Le temps du « déclic », de la prise de conscience, de l'émotion, des pleurs, des cris et des questions, enfin, sur ce qui peut être fait. Ce qui nous amène à les remercier de leur confiance tout en leur précisant que notre association ne fera rien à leur place. Mais qu'elle peut mettre à leur disposition l'ensemble des services dont elle dispose, notamment ceux de vacataires, professionnels de la santé et du droit indépendants et tenus à la confidentialité.
- Le temps de comprendre, de parler d'autres choses, de rebondir, de faire ressortir les éléments positifs de l'expérience vécue, de faire des projets, jusqu'à ce qu'elles n'en éprouvent plus le besoin et nous quittent, libres et sans nous être redevables de quoi que ce soit, après avoir retrouvé, petit à petit, leur esprit critique et leur dignité.

Nous avons, parallèlement à cette mission principale et efficiente, développé d'autres savoir-faire reconnus en matière de sensibilisation de toutes catégories de public et de création d'outils de prévention, au national comme à l'international. Des missions dont le mérite revient essentiellement aux victimes elles-mêmes, qui viennent nous raconter leurs histoires et leurs souffrances et auxquelles nous tentons d'apporter des réponses concrètes à la mesure de notre expérience et de nos moyens… Des mérites qui reviennent également aux médias qui dénichent et relayent admirablement les informations qui s'y rapportent pour qu'elles ne soient ni oubliées, ni déformées, ni étouffées.

Préface

Des médias sans qui – je peux en témoigner au terme de 30 années de bénévolat aux côtés des victimes d'emprise sectaire – la vigilance et la prévention contre le fait et les dérives sectaires ne seraient pas ce qu'elles sont aujourd'hui. Ce qui me permet de remercier d'autant plus vivement M. Étienne Jacob pour sa contribution qui, une fois encore et avec talent, fait apparaître ce qu'on appelle communément le phénomène sectaire pour ce qu'il est vraiment : un danger pour les familles et les personnes mais aussi pour la société et le système démocratique dans lequel nous vivons.

Un danger que nous n'avons pas à subir mais à surmonter, en faisant ensemble l'avenir tel qu'il devrait être pour tous dans le respect, la dignité et l'attachement aux valeurs d'humanité.

Charline Delporte
Présidente du CAFFES
Chevalier de la Légion d'honneur

Introduction

Parfois, l'impensable se déroule sous vos yeux. La tradition côtoie le mysticisme. L'idéal religieux tend vers l'extrémisme. Vous êtes un tant soit peu sceptique ? Vous serez fasciné par l'histoire de La Famille. Un groupe de 3 000 personnes, dont les membres se marient uniquement entre eux depuis plusieurs générations, ne peut laisser indifférent. Nous allons tenter de comprendre comment cette communauté, descendante du jansénisme aux rites datés, a réussi à perdurer dans un monde ultraconnecté, de plus en plus cartésien.

Cette enquête décrypte cette société différente et dérégulée, avec ses joyaux, sa solidarité et ses dérives. Quoi qu'il en soit, cette histoire vous divisera. Vous voudrez peut-être simplement que l'on laisse en paix cette immense fratrie, sous prétexte qu'elle vit majoritairement heureuse, en toute discrétion, dans l'est de Paris, sa banlieue, et dans de petits villages, un peu partout en France. Ou bien, la lecture de cette enquête vous révoltera. Les idéaux machistes sont ancrés dans cette communauté, créée au début du XIXe siècle sur les cendres des groupes jansénistes convulsionnaires, honnis de la royauté de l'époque. Et les violences que certains membres ont subies ne peuvent que susciter un sentiment d'injustice et de l'empathie envers ces victimes qui n'ont quasiment jamais obtenu réparation.

Avant le mois de juin 2020, et une enquête du journal *Le Parisien*, aucun média ne s'était intéressé à La Famille. Quand j'ai découvert ce groupe, j'ai d'abord voulu me rendre dans les 11e, 12e et 20e arrondissements de la capitale pour les trouver. Les membres seraient-ils reconnaissables, voudraient-ils discuter ? Certaines femmes, effectivement, arboraient un style vestimentaire plus traditionnel que les autres, avec de longs cheveux, détachés. Mais elles n'étaient pas ouvertes à la discussion. Le groupe était, déjà à l'époque, au courant de cet emballement médiatique. Du jour au lendemain, il avait été « pointé du doigt ». Le signe d'un désastre à venir pour ces millénaristes, convaincus de la proche fin du monde et des méfaits du diabolique monde extérieur. L'approche sur le terrain a donc été difficile mais une chose était sûre : La Famille était bien connue localement. Bouchers, boulangers ou simples badauds connaissaient ces patronymes, cette « grande fratrie ». S'intéressaient-ils à eux ? Non, car justement, le propre de La Famille est de se tenir à l'écart. De vivre au milieu des autres, mais sans les autres.

Il n'a pas été simple de gagner leur confiance, certains ont refusé de témoigner, d'autres ont estimé au contraire qu'il y avait trop de choses importantes à révéler pour qu'elles restent sous silence, enfin bon nombre avaient peur : d'être reconnus, d'être jugés voire exclus du groupe ; c'est pour cela que la majorité des prénoms a été changée. Car si le groupe prime sur l'individu, si les règles sont nombreuses, les fonctionnements au sein du foyer, au cœur de l'intime, varient, et les quotidiens changent. Il y a les meneurs, les suiveurs, les résistants et même les clandestins, qui font ce que les autres réprouvent, sans le dire. Un monde dans le monde.

Ce livre a aussi permis à certains de découvrir leurs origines, comme pour Chantal. Après la publication de l'article du *Figaro Magazine*, cette femme d'une soixantaine d'années m'a contacté sur un réseau social. Son père, Charles, était issu de La Famille avant de la quitter, mais elle n'en savait rien avant cette enquête. À la mort de son père, elle a découvert un très vieux morceau de papier dans ses affaires, sans chercher à en savoir plus. Sur ce document, les huit patronymes de La Famille étaient inscrits. Elle a immédiatement fait le lien. Cette femme dit avoir grandi dans un milieu où elle a été choyée en tant que fille unique. Un jour, à l'école, son père a rencontré la directrice pour lui demander que personne, en dehors de sa femme et lui, ne vienne chercher sa fille. De même son père, un autre jour, a interdit l'entrée dans sa boutique d'horloger-bijoutier, à plusieurs hommes, issus de La Famille. Chantal avait un grand respect pour son père, mais il n'était pas très causant. Elle savait qu'il était issu d'une grande famille, mais pas de La Famille. Il se serait fâché avec frères et sœurs avant de quitter le groupe définitivement pour faire sa vie en dehors, avec une femme de l'extérieur. La sexagénaire se rappelle que son père parlait de gens « rétrogrades » qui leur ont « tourné le dos » au moment de leur union. Quand Chantal a découvert l'existence de ses ancêtres, qu'elle ne pensait certainement pas si nombreux, elle a été submergée par l'émotion. Elle n'avait rien vu et pourtant, coule en elle un peu du sang de cette famille.

Ce livre a donc vu le jour pour Chantal, et pour tous ceux qui, dans ou hors de La Famille, ne savent pas d'où ils viennent. Cette enquête ne cherche pas à dénoncer mais plutôt à démontrer, exposer et donner la parole. En essayant d'être au plus près de la réalité.

Et puis il y a les « petits villages » périphériques à La Famille, comme à Malrevers, petit hameau de Haute-Loire, où j'ai eu la chance de me rendre pour rencontrer quelques membres. Ils font partie de ceux qui ont quitté La Famille sous la houlette de Vincent Thibout, l'un des influents prophètes de la communauté, il y a une cinquantaine d'années. Depuis, ils vivent en kibboutz, générant des revenus grâce au fonctionnement d'une entreprise de textile reconnue. Pour eux, un autre modèle est possible, même s'il est imparfait et que les voix dissonantes se font entendre très fort.

Enfin, ce travail, fruit d'un an d'entretiens, de déplacements et de rencontres avec membres, ex-membres mais aussi professionnels de santé, historiens ou psychologues, n'aurait pas été possible sans la coopération de la Mission interministérielle de vigilance et de lutte contre les dérives sectaires (Miviludes).

Aux origines jansénistes
d'une grande famille

Après près de deux heures d'entretien, Rose fond en larmes. La jeune femme a « la rage au ventre ». Elle vient d'avoir une vision. Le puzzle s'est enfin assemblé. Une réflexion, aussi simple soit-elle, a réussi à la briser, à la stopper net. Elle s'était évertuée à défendre les siens comme si leur vie était en danger, mais cet effort était inutile, car une réponse simple vient de lui sauter aux yeux. La trentenaire saisit un mouchoir en papier, reprend ses esprits, et murmure : « C'est la faute d'oncle Auguste. » Né en 1863, mort en 1920, Paul Augustin Thibout est l'un des ancêtres de La Famille. L'un des illustres penseurs de cette communauté religieuse. Il est la raison principale pour laquelle cet étrange groupe, dont les membres vivent majoritairement à Paris et sa banlieue – même si certains se sont exilés un peu partout en France –, attire aujourd'hui l'attention de l'État, des pouvoirs publics et des journalistes. Le rôle de l'oncle Auguste, dans l'histoire de ce groupe, est essentiel. C'est lui qui décida, en 1892, de la fermeture au monde extérieur. Un acte fort, qui a déterminé le destin de plusieurs milliers de ses descendants. Et si, pour beaucoup, probablement la majorité, ce destin a été heureux, il a aussi engendré des souffrances pour d'autres. Rose reprend ses esprits et souffle, toujours émue : « Il a changé notre vie. Il ne l'aurait probablement pas fait s'il avait su l'impact de sa décision. Ce n'était pas son but de faire du mal. »

Paul Augustin Thibout, dit « oncle Auguste », n'est pas l'un des fondateurs de La Famille. Il est le descendant direct d'un de ses créateurs, Jean-Pierre Thibout, depuis toujours surnommé « Papa Jean ». Mais ne vous détrompez pas : dans cette communauté religieuse, fondée en 1819, on ne fait que rarement référence à ses créateurs, Papa Jean et son ami « Papa Yette », plus connu sous le nom de François-Joseph Havet. Celui qui a dicté la doctrine à suivre, c'est bien l'oncle Auguste. Les références à ce véritable prophète sont extrêmement rares, bien que La Famille conserve des milliers de pages de documents provenant de son histoire et de ses ancêtres. Un texte, pourtant, résume en quelques lignes la raison pour laquelle ce patriarche prit, quelques années plus tard, cette décision déterminante. Alors qu'il revenait de l'enterrement d'une personne de sa famille, Émilie Sandoz, le 11 avril 1886, l'homme aurait dit en parlant de ses enfants : « Je ne veux pas que mes filles travaillent en atelier, ni qu'elles portent de chapeaux et alors même qu'elles seraient mariées. Je refuserais de les recevoir, si, étant malade, elles venaient me voir parées de bijoux et de coquetteries. Mes garçons ne devront jamais ni être employés, ni contremaître, ni patron. Quant à l'instruction, je n'enverrai jamais mes filles à l'école et mes garçons iront le moins possible, étant entendu que je ne ferai jamais de faux ni n'en ferait commettre pour leur permettre d'y aller. »

Dans ce texte, qui a influencé des milliers d'existences, oncle Auguste a voulu établir des règles claires, précises et on ne peut plus strictes à son groupe. Hors de question, par exemple, de porter des habits blancs ou rouges. Il fallait rester en bas de l'échelle sociale, il était mal vu de voter, de partir en vacances, il ne fallait pas être propriétaire, etc. Sa pensée paraît aujourd'hui rigoriste, voire extrémiste. Mais, à l'époque, ce genre de préceptes n'est pas rare, dans un monde où la pensée religieuse domine encore. Six ans après ces propos, appelant, en fin de compte, à l'humilité et à l'exigence, l'oncle Auguste poursuit son virage en décidant que ses enfants ne se marieront qu'entre eux. Le groupe devra perdurer dans le plus grand secret pour se protéger du monde extérieur, surnommé au sein de la communauté la « gentilité ».

« On considère qu'oncle Auguste est le dernier qui a eu la parole, le dernier prophète dont les paroles ont vraiment fait écho. Parce que tout ce que les autres hommes ont voulu mettre en place s'est effrité, et lui, tout ce qu'il a dit est resté. Cela a résisté sans que cela souffre aucune contestation », confie, catégorique, Jonathan, un trentenaire né dans La Famille. Aujourd'hui encore, le secret est habilement cultivé, et le mariage au sein de la communauté, entre membres, est un pilier inébranlable. Ce sont les règles totem. Celles à ne pas enfreindre, sous peine d'être rejeté par ses frères, sœurs, parents, cousins et cousines. Un véritable règlement intérieur qui ne dit pas son nom, dont les lois se transmettent de génération en génération, par la force des choses, à l'oral.

Outre le secret et le mariage, n'oublions pas que l'essence de cette communauté est son aspect religieux. Elle prend racine dans l'idéologie janséniste qui s'est développée en France au XVIIe siècle. Ce courant chrétien catholique, opposé aux jésuites majoritaires à l'époque, tire son nom de l'évêque d'Ypres, Jansénius Cornelius Jansen, auteur posthume en 1640 de *L'Augustinus*. Dans ce texte, le religieux propose tout simplement de revenir aux idées du théologien romain saint Augustin, pour qui la grâce divine doit permettre de sauver l'âme des pécheurs. « Le jansénisme professe une doctrine centrée autour de la grâce divine et de la prédestination : dès la naissance on est prédestiné à être sauvé ou pas », explique l'Union nationale des associations de défense des familles et de l'individu (Unadfi) sur son site Internet[1]. Dès 1653, 13 ans après la publication de cet ouvrage polémique en latin, les jésuites ripostent en rédigeant leur propre profession de foi. Ils tirent de *L'Augustinus* cinq propositions qu'ils jugent hérétiques, et s'attaquent directement aux jansénistes. Ils obtiennent rapidement gain de cause. Le pape Innocent X condamne ces propositions la même année, et le gouvernement français, guidé par le cardinal Mazarin, impose à tous les ecclésiastiques du royaume de signer cette profession de foi.

Les jansénistes refusent catégoriquement de signer le texte, et donc de se soumettre. Et même si les jésuites gravitent dans l'entourage du futur roi Louis XIV, le philosophe Blaise Pascal prend, dès 1657, la défense des jansénistes, au rigorisme affirmé, dans ses *Lettres provinciales*. L'ouvrage, qui vulgarise le vocable théologique souvent peu accessible, connaît un franc succès, notamment chez les intellectuels et les gallicans. Mais à la Sorbonne, autrefois faculté de théologie, on brûle l'ouvrage sur la place publique en 1660. Déterminé à mener combat contre les jansénistes, Louis XIV, dont la vie sentimentale désordonnée tranche avec la doctrine qu'ils prônent, durcit le ton. En 1664, il fait exclure les religieuses du couvent parisien de Port-Royal, en les exilant à l'abbaye de Port-Royal

---

1. https://www.unadfi.org/groupes-et-mouvances/que-sait-on-de-la-famille/

des Champs, dans la vallée de Chevreuse, au sud-ouest de Paris, devenue les Yvelines. Celles-ci sont toutefois autorisées à garder leurs croyances. Malgré une trêve quatre ans plus tard, la lutte contre les jansénistes reprend en 1679, après la mort de la duchesse de Longueville, protectrice de Port-Royal. Les exclusions se poursuivent à Port-Royal, où tout recrutement a été interdit. En 1705, un prêtre janséniste interroge les docteurs de la Sorbonne. Le curé veut savoir s'il est possible d'accorder l'absolution à un fidèle qui accepte de signer le formulaire des cinq propositions, en observant un « silence respectueux », tout en sachant qu'il rejette ces propositions, considérant qu'il n'est pas évident qu'elles soient contenues dans *L'Augustinus*. À cette idée, Innocent XII, le pape d'alors, et Louis XIV sont du même avis : ils condamnent formellement le principe du « silence respectueux ».

Petit à petit considérés comme « secte républicaine » par le roi, les jansénistes sont finalement acculés, malgré le soutien qu'ils reçoivent de la part des milieux intellectuels. En 1708, 101 propositions édictées par le théologien Pasquier Quesnel, chef des jansénistes, dans son livre *Le Nouveau Testament en français, avec des réflexions morales*, sont condamnées par le pape Clément XI dans la bulle *Unigenitus*, marquant ainsi la fin d'une époque pour les opposants des jésuites. En 1710, Louis XIV leur porte le coup de grâce. Il fait raser leur fief, l'abbaye de Port-Royal des Champs, après en avoir exclu tous les fidèles. Cette décision est largement contestée. En ce début de XVIIIe siècle, la doctrine ultrastricte à tendance sectaire des jansénistes ne fait plus peur. « C'est un élément structurant de ce courant de pensée », atteste Serge Maury, auteur d'une thèse en 2014, *Histoire d'un groupe convulsionnaire tardif à la fin du XVIIIe siècle : « les Fareinistes. »* Cette sévérité attire, d'autant que les ambassadeurs du mouvement ont tout fait pour rendre accessible leurs préceptes au plus grand nombre. En atteste l'ouvrage de Blaise Pascal, considéré aujourd'hui comme une figure de la pensée française grâce à ses travaux dans le domaine des mathématiques, mais aussi de la philosophie.

La fin de l'abbaye de Port-Royal sonne pour le jansénisme comme un coup d'arrêt symbolique. Mais au décès de Louis XIV, en 1715, le mouvement se politise. Farouchement opposés à la bulle *Unigenitus*, de nombreux évêques et ecclésiastiques – surnommés les appelants – réclament la tenue d'un concile général. En 20 ans, alors que Philippe d'Orléans assure la régence de Louis XV encore trop jeune pour régner, un millier d'opuscules, de courts ouvrages, sont publiés, symbole d'une libération de la parole. Ce contexte conflictuel politico-religieux est, comme le démontre de nombreux historiens, tel l'Américain Dale K. Van Kley dans *Les Origines religieuses de la Révolution française 1360-1791* (Seuil, 2006), l'un des éléments déclencheurs de la Révolution française, en 1789. C'est aussi dans ce contexte que va naître l'un des mouvements parmi les plus étranges et fascinants de l'histoire française : les convulsionnaires.

Avant d'évoquer les convulsionnaires de Saint-Médard, il est intéressant de noter que les membres de La Famille ont gardé de nombreuses similarités avec les jansénistes. Ces derniers ont toujours cru que tous les hommes ne pouvaient accéder au Paradis que d'une seule manière : si Dieu leur accorde la grâce. Dans le texte de *L'Augustinus*, on considère que l'état premier des hommes est d'être pur, innocent. Mais que l'homme, trop dirigé vers lui-même et son propre plaisir, qu'il soit sexuel, spirituel ou intellectuel, est perverti : c'est la concupiscence. Et ce, alors que la seule mission à remplir par les hommes est celle d'aimer le Créateur. Selon les jansénistes, l'homme est responsable de ce péché originel : seule la grâce peut le sauver. Mais ce salut ne concerne pas tout le monde car la doctrine est très claire : depuis toute éternité, Dieu a prédestiné les uns – mais peu nombreux – à la vie éternelle, et les autres à la damnation éternelle. Sont exclus les aveugles, les endurcis, les infidèles (les Israélites), voire les justes.

Les détracteurs des jansénistes ont toujours considéré que ces fidèles sont *contraints* à faire le bien, ce qui enlève parfaitement leur libre arbitre. « Nous avons été éduqués pour ne pas protester, nous taire et bien nous tenir », murmure une quinquagénaire, qui a quitté le groupe depuis plus de 35 ans. « Notre principe, c'est de nous soumettre, et ne pas nous révolter », reconnaît un membre actuel.

Pas de doute : La Famille, telle que nous la connaissons aujourd'hui, trouve bel et bien ses racines chez les jansénistes de Port-Royal, même s'ils demeurent, pour eux, de lointains ancêtres. Lointains ancêtres, car leur véritable histoire commence probablement en même temps que celle des convulsionnaires. Le parcours de ce mouvement débute précisément à la mort du diacre François de Pâris, le 1er mars 1727, à l'âge de 37 ans. L'homme est un pieux janséniste, qui a pris parti contre la bulle *Unigenitus*, ce qui lui a valu d'être exclu de toute carrière sacerdotale. Issu d'une famille de la petite noblesse champenoise, il avait pourtant passé toute une vie de jeûnes et de mortifications. Une vie de religieux, tout en humilité. Il a évangélisé les plus pauvres, était aimé des fidèles de sa paroisse. Il était considéré comme un saint et, comme prévu, une foule massive se rendit à son enterrement au cimetière Saint-Médard. « Sans doute ses mérites avaient été si grands qu'on pouvait le regarder comme un saint, et le vénérer comme tel. Sans doute aussi la piété populaire pouvait aimer à venir prier sur son tombeau. Ce n'eût point été là cause suffisante pour inquiéter le pouvoir royal », commente le psychanalyste Adrien Borel dans *L'Évolution psychiatrique*[2]. Autour de la tombe du diacre se crée sa propre légende. D'abord lieu de prières, l'endroit devient petit à petit théâtre de guérisons miraculeuses. La foule se presse au cimetière Saint-Médard, espérant des miracles. « Madeleine Beignet, fileuse de laine, qui avait un bras paralysé, vint s'agenouiller devant le lit mortuaire [...] elle s'approcha du corps, se mit à genoux pleine de confiance, et elle embrassa les pieds du défunt : bientôt elle se relevait guérie », décrit par exemple Adrien Borel.

Cette agitation inquiète les autorités, alors que le Parlement de Paris défend les miraculés de Saint-Médard. C'est finalement le roi Louis XV qui tranche, le 27 janvier 1732, en passant à l'action. À l'entrée du lieu, un écriteau qui prête à sourire est installé. On peut y lire : « De par le roi, défense à Dieu de faire miracle en ce lieu. » Les convulsionnaires n'ont d'autre choix que de devenir clandestins. C'est dans des appartements privés, chez des particuliers, ou même dans des caves, que les transes se poursuivent. Les convulsions salvatrices laissent placent à des convulsions violentes. « Les manifestations corporelles des convulsionnaires sont un langage, une démonstration : la tentative à la fois désespérée et spectaculaire de prouver irréfutablement la marque divine », décrit l'auteure Catherine-Laurence Maire dans son

---

2. « Les Convulsionnaires et le diacre Pâris » (extrait de *L'Évolution psychiatrique* fascicule 4, 1935, p. 3-24).

livre *Les Convulsionnaires de Saint-Médard*. « Des adeptes, prises de spasmes, font l'objet de "secours" : des assistants tirent ou pressent leurs membres convulsionnés, les rouent de coups de poing, de pieds, de bûches », expose Serge Maury dans sa thèse. Les années passant, les cérémonies sont de plus en plus violentes. « Les convulsionnaires (majoritairement des femmes) se voient frappés avec des armes blanches, écartelés, et, à partir de 1759, apparaissent les premières crucifixions d'adeptes. »

En 1745, comme le raconte Daniel Vidal dans *Miracles et convulsions jansénistes…*, une convulsionnaire de Sens, sœur Auguste, serait allée plus loin. Elle aurait, au terme d'un long jeûne, avalé pendant 21 jours des excréments d'homme et de l'urine pure. Et cette femme d'en sortir vivante, et « plus forte », selon l'auteur, pour qui ces pratiques sont une « pure monstration de l'horreur » et du mal existant dans le monde. « Les pénitences que s'infligent certains convulsionnaires orchestrent un procès "d'effacement du sujet" et d'humiliation, afin de mourir au monde et de renaître à Dieu. Le discours est le suivant : se mortifier l'âme et le corps, l'esprit et les sens, pour signifier à la fois la nécessaire humilité du sujet et la déchéance de l'Église, et par là, du siècle tout entier », relate Serge Maury.

L'historienne Catherine-Laurence Maire a assimilé ces pratiques à une théologie propre aux jansénistes : le figurisme. Ces transes seraient ainsi une façon de s'opposer à la monarchie, de montrer la résistance des fidèles face aux persécutions de l'État et de l'Église. Nicolas Legros, ancien chanoine de Reims, en donna, à l'époque, la définition suivante, relayée par Hervé Savon dans *Le Figurisme et la « Tradition des Pères »*, en 1989 : « Être figuriste […], c'est sentir que le triste état où se trouve l'Église nécessite un remède extraordinaire : "la future conversion des juifs" et "la venue d'Élie" qui en sera le prélude ; c'est aussi faire sienne la doctrine commune des saints-pères et des théologiens sur l'obligation de chercher Jésus Christ et l'Église dans toutes les Écritures de l'Ancien comme du Nouveau Testament. » Le figurisme des jansénistes convulsionnaires s'accompagne aussi d'une idéologie millénariste. Selon eux, la fin des temps est proche. En attendant, il faut prier pour le retour des juifs. Lorsque l'on parle de retour des juifs, il ne s'agit pas d'un retour en Terre sainte, mais bien de leur conversion au christianisme. Ce retour des juifs, comme le théorise Hervé Savon, s'accompagne aussi du retour du prophète Élie. Élie est le prophète le plus fréquemment cité dans le Nouveau Testament. Il revêt une importance particulière car il est chargé d'annoncer le Salut à la nation juive. Puis Jésus Christ régnera pendant 1 000 ans sur le monde entier.

Malgré des difficultés à définir l'aspect théologique de ses propres croyances, Jonathan, un membre de la communauté, a tout de même su répondre à notre question piège : « Quelle est votre mission ? » À ce questionnement, légitime à la vue des us et coutumes de La Famille, celui-ci a répondu, sans ciller : « On a un rôle très précis, une mission très claire, et ce n'est pas du tout de convertir d'autres gens. Notre mission est de prier pour que les juifs se convertissent au christianisme. » Et, comme les convulsionnaires, Jonathan a confié qu'il n'attendait qu'une seule chose avec impatience : la fin du monde. Quoi qu'il en soit, les similarités entre membres de La Famille et convulsionnaires sont évidentes. Leurs croyances ont une implantation historique très précise.

Pour autant, il est important de noter que les membres de la communauté religieuse ne pratiquent plus quotidiennement de convulsions, ou de transes.

Les bonjouristes,
ancêtres sectaires de La Famille

Pour se rapprocher des créateurs de La Famille, il est impératif de raconter l'histoire du curé François Bonjour. Alors que les convulsionnaires multiplient les séances de secours violents dans des appartements parisiens, se développe dans la région lyonnaise, au dernier tiers du XVIIIe siècle, un noyau convulsionnaire autour du père Michel Pinel. Ces groupes, malgré leurs différences, trouvent leur origine dans les miracles du diacre Pâris. « Toutes ont les mêmes objets en général, les mêmes motifs, le même fond de merveilleux, mais chacune a ses marques distinctives, son ton et ses manières. Plusieurs ont une convulsionnaire dominante qui est comme l'héroïne de la scène. Il est des bandes où deux ou trois convulsionnaires se la disputent, si bien que la primauté en est fort incertaine. [...] Chaque bande a ses registres, ses journaux et ses admirateurs, mais toutes ensemble sont le corps de l'œuvre ou l'œuvre en général », peut-on lire dans *Notions de l'œuvre des convulsions et des secours...*, non daté précisément et écrit par le père Crepe.

Dans *Les Amis de l'œuvre...*, l'historien Jean-Pierre Chantin a recensé les convulsionnaires en trois groupes bien distincts : les Lyonnais, les ruraux du Forez et les « jansénistes communicants », autour de la personnalité de François Jacquemont, curé de Saint-Médard. Une quatrième composante, celle de François Bonjour, se caractérise par un fort rejet de l'Église et par une dérive extrémiste qui dépasse largement les autres branches satellites. Son frère, Claude Bonjour, avait tenté de convertir sa paroisse de Saint-Just-lès-Velay dès 1774. Il est l'un des acteurs du jansénisme convulsionnaire rural lyonnais. Son frère François le rejoint en 1775 à Fareins-en-Dombes, un petit village de l'actuel département de l'Ain.

Claude Bonjour devient curé du village en 1774. Dans ce milieu rural, il s'entoure d'autres curés locaux pour diffuser sa doctrine janséniste convulsionnaire, avant de céder la place à son frère en 1783. Leurs idéaux sont radicaux et François Bonjour ne cesse d'annoncer l'imminence du retour du Christ sur Terre pour 1 000 ans, instituant l'idée principale des millénaristes. Sous le « règne » des Bonjour, des miracles et autres guérisons miraculeuses seraient survenus. On relate celle d'une paroissienne, guérie d'une tumeur par imposition d'un morceau de linge ayant touché une image de François de Pâris. Ou encore celle d'une dame dont la jambe était fracturée. Hélas, comme le relate Jean-François Jolyclerc, dans l'ouvrage d'Auguste Dubreuil *Lettre de M. Jolyclerc, ancien vicaire général du diocèse de Lyon, à MM. Bonjour, ainsi qu'à leurs apologistes...* (1788), le curé lui aurait ordonné de marcher malgré ses douleurs. Elle aurait alors accouché d'un enfant mort, avant de mourir de fortes fièvres.

Au-delà de ces guérisons douteuses, François Bonjour se serait livré à des violences envers des femmes, décrites par l'historiographie locale comme des possédées, fidèles du curé convulsionnaire. L'une d'elles, Étiennette Thomasson, aurait régulièrement été frappée par le curé. Elle se serait imposée 40 jours de jeûne, aurait eu des visions, et aurait été témoin de miracles. Enfin, un jour d'octobre 1787, la trentenaire est crucifiée. François Bonjour aurait également percé au couteau le pied d'une autre possédée, Gothon Bernard, qui, lors d'une vision, aurait vu apparaître l'image divine d'un homme tenant un couteau.

« On observe chez ce groupe une vraie dissidence religieuse. On considère que Dieu est avec nous, donc on peut tout faire, même des choses moralement répréhensibles », analyse Serge Maury.

L'extrême violence de ces événements fait réagir les autorités, qui exilent les frères Bonjour. Cependant, François Bonjour parvient à s'échapper. Pour ses fidèles, celui-ci a été délivré par un ange qui aurait fait s'écrouler les murs du couvent où il était détenu. L'homme a, en réalité, juste profité de l'inattention des moines pour prendre la tangente. « Le figurisme, cette théologie de groupe, fait que l'on interprète absolument tous les événements de la réalité pour les associer à des moments religieux », poursuit Serge Maury. Quant aux miracles, s'ils ont fait réagir les autorités, ils font immédiatement l'objet d'une vive polémique, les pro-jansénistes assurant qu'ils ont bien eu lieu, sous l'œil de plusieurs témoins. Selon eux, remettre en cause les actes de François Bonjour revient à contester la religion chrétienne et son essence même. *A contrario*, les détracteurs des convulsionnaires estiment que ces miracles vont à l'encontre des pratiques de l'Église, à l'opposé de toute morale. Dans son ouvrage, bien que totalement partial, le père Crepe affirme même que l'œuvre des convulsionnaires est celle du « diable en personne ».

Pour la crucifixion d'Étiennette Thomasson, François et Claude Bonjour sont jugés à Trévoux, dans l'Ain, mais les procédures sont cassées à deux reprises pour vice de forme, permettant aux deux gourous d'être tirés de prison.

François Bonjour rencontre alors Claudine Dauphan. Cette dernière, veuve de 30 ans, est la femme de chambre de Mademoiselle de Boën, une aristocrate originaire du Forez, le curé convulsionnaire. Alors qu'il était encore emprisonné dans l'attente de son procès en 1791, François Bonjour échange des lettres enflammées avec cette jeune femme, déjà mère d'un enfant. Selon tous les auteurs, qui ont exploité leurs missives, dont certaines ont disparu, ces écrits étaient teintés d'un mysticisme inégalé. Mais ils demeurent parmi les rouages essentiels à la création de La Famille.

Car un jour – un Jeudi saint – à l'église d'Ainay à Lyon, Claudine Dauphan reçoit une révélation et une vision divines. « Elle sera unie au Seigneur et concevra un fils qui sera l'incarnation du prophète Élie et deviendra à sa majorité le "Paraclet", l'Esprit Saint », relate Serge Maury. Cette vision va fixer les croyances de tout le groupe convulsionnaire de François Bonjour, et, par ricochet, bien plus tard, celui de La Famille. Claudine va être la mère d'un messie. François Bonjour, épris de cette simple femme de chambre, prétend alors être le fils de Dieu. Les deux s'unissent et Claudine tombe enceinte. « Après deux mois de prières plus ardentes, elle reçoit de son divin époux la promesse de ce fruit, sans fixer le moment où elle le possédera. Et ce divin sauveur lui annonce que ce fruit sera saint et la Sainteté même, qu'il sera cet envoyé promis depuis si longtemps, celui qui doit réunir les cœurs des pères avec les enfants, rétablir toutes choses, former des Esprits et des cœurs nouveaux, renouveler la face de la Terre, en un mot qu'il sera l'Esprit Saint, l'Esprit de vérité, l'amour et le lien du Père et du Fils qui prendra naissance dans son sein », disserte en 1792 François Bonjour dans une lettre à des convulsionnaires lyonnais.

Les lettres échangées par L'Époux et L'Épouse – c'est comme cela qu'ils se nommeront – prennent alors une tournure éroticomystique. François Bonjour avoue même à sa chère et tendre qu'il voit sa servante, Benoîte Monnier. À Lyon, ces échanges ne tardent pas à scandaliser les cercles convulsionnaires. Une hostilité – également présente dans le village de Fareins, où il officiait – qui aurait poussé François Bonjour à s'exiler à Paris, avec ses deux maîtresses. La « Sainte Famille » est alors créée dans la capitale. Le premier à naître est Jean, fils de sa maîtresse Benoîte, surnommée « Fanfan ». L'enfant est « le Précurseur », censé annoncer la venue du messie, qui vient au monde un peu plus tard, le 18 août 1792. On raconte que le bébé aurait hurlé dès son huitième jour et pendant huit jours. Il est prétendument la réincarnation de l'Élie de la Bible, de l'Esprit Saint, et doit être vénéré comme un dieu.

Dès lors, il est important de rappeler que François Bonjour s'est progressivement mis à l'écart des mœurs convulsionnaires classiques. Régulièrement accusé de dépravation morale et sexuelle, l'homme justifie ses actes, dans une lettre envoyée à des épiciers lyonnais, le 20 janvier 1792, ainsi : « Je crois encore que Dieu, souverainement puissant et indépendant, peut détruire la cupidité et la séparer des actions auxquelles elle est ordinairement jointe et faire opérer ces actions par sa seule charité qui ne peut manquer de les rendre bonnes, puisque tout ce qui naît de la charité est bon. Aimez, dit saint Augustin, et faites ce que vous voudrez. C'est-à-dire, faites ce que vous voulez que vous voudrez *[sic]*, pourvu que l'amour de Dieu en soit le seul principe. Alors, comment Dieu pourrait-il ne pas ordonner ces actions ? » Selon l'idéologie de François Bonjour, tout serait autorisé, du moment que l'on continue d'aimer Dieu plus que tout. « Il est donc clair que ce serait renoncer à la foi que de ne pas croire que Dieu puisse commander les choses qui ordinairement sont mauvaises parce qu'elles ont pour principe la cupidité, mais cessent de l'être parce que celui qui est tout-puissant les a dépouillés de la cupidité pour ne les faire que par sa charité. Et il n'y a pas moins d'impiété à soutenir qu'une action soutenue par un principe de charité est mauvaise qu'à dire qu'elle est bonne quoique destituée de la charité et faite par cupidité », poursuit-il dans cette missive, citée dans un ouvrage de Claude Hau, *Le Messie de l'an XIII et les fareinistes* (1955).

Ce texte semble justifier l'aspect sectaire de la branche convulsionnaire de François Bonjour. Elle montre aussi que la communauté religieuse La Famille tire ses racines d'un groupe sectaire, qui était lui-même condamné par les penseurs de sa branche. Lors de notre enquête, jamais aucun de nos témoins n'a semblé vouloir justifier leurs actes répréhensibles, ou ceux de leurs cousins, par l'amour de Dieu. On ne retrouve nulle part cette idéologie scandaleuse, mais plutôt des aspects du puritanisme religieux propre au jansénisme. « À l'époque, plusieurs indicateurs montrent une sorte de débordement sexuel au sein de la secte. L'un des personnages aurait même eu sept femmes », glisse Serge Maury. Dans La Famille, au contraire, les membres doivent être chastes jusqu'au mariage. Il est impératif de garder une certaine distance entre les agissements de François Bonjour et ses ouailles, et ceux des membres de La Famille. Mais il est tout aussi indispensable de connaître l'histoire du curé de Fareins et de son fils Élie pour comprendre les croyances de la communauté parisienne actuelle.

À Paris, en 1791, François Bonjour et ses maîtresses s'installent rue des Gobelins, dans l'actuel 13ᵉ arrondissement, dans une zone où les jansénistes étaient jadis nombreux. Notons que l'on est encore loin de la rue de Montreuil, chère aux membres de La Famille. Lettré, François Bonjour trouve du travail comme contremaître dans une société d'imprimerie. Mais ce simple prote possède une qualité rare : il est le père d'un messie ! À ses 14 ans, Élie deviendra l'Esprit Saint. Ses cris, pendant huit jours à sa naissance, en 1792, coïncident avec le début des massacres des prisons, en pleine Terreur de la Révolution.

Autour de François Bonjour et de la Sainte Famille gravite une « centaine de personnes », selon Serge Maury. Même si leurs croyances et leurs rites semblent extrêmes, ils ne sont pas issus d'une catégorie populaire. Ce sont des personnes de classe moyenne, dont beaucoup sont journalistes ou travaillent dans les métiers de l'imprimerie. D'où le travail de prote trouvé par François Bonjour à son arrivée dans la capitale. Dans cette communauté restreinte, tous vénèrent l'enfant Élie. Sœur Élisée, de son vrai nom Julie Simone Olivier, devient rapidement une prophétesse du groupe bonjouriste. Pendant six ans, entre 1799 et 1805, elle tient des séances devant un auditoire restreint. En 1801, l'Esprit se serait mis à parler à travers elle. Elle devient alors porte-parole de Dieu et entretient une obsession pour Élie. Et, comme l'analyse Serge Maury, Élie Bonjour est « tout à la fois » : Dieu le Père, une nouvelle incarnation du Fils, et l'Esprit Saint. Son rôle, contrairement à Jésus, est cependant beaucoup plus dramatique : il est censé racheter les péchés de la gentilité, un terme que l'on observe dans tous les écrits de sœur Élisée et qui a perduré jusqu'aujourd'hui dans La Famille.

Dans ses textes, sœur Élisée, qui finira par s'opposer à François Bonjour, décrit le messie comme souillé par le vice et le crime, comme l'était son père charnel. Élie Bonjour, prophète de la communauté des bonjouristes parisiens, est adulé. Tous ses faits et gestes sont interprétés et surinterprétés comme étant l'œuvre de Dieu. « Par le jeu de la lecture figuriste, les actes et gamineries de cet enfant babillard sont transfigurés en la parole de Dieu », relève Serge Maury. Un jour de 1801, sœur Élisée rend visite à Élie. L'enfant devient insolent, demande des bonbons, puis crache par terre. Pour la prophétesse, un tel acte est un symbole. « Ce crachat, quoique venant de mon humanité, n'a pas été fait en vain, Élise, je sais pourquoi je l'ai fait. Je ne te dirai pas mon secret, tu l'as recueilli et tu as bien fait. Conserve le mouchoir dans lequel tu l'as mis, le temps et l'événement t'apprendront le surplus », clame Élise dans un discours (où Élie s'exprime à travers elle).

Les écrits mysticoreligieux de sœur Élisée comportent un élément très intrigant, par rapport à ce qu'est devenue La Famille. Dans ses développements, la thématique de l'enfantement et de la maternité est majeure. Les enfants y sont exhortés à eux-mêmes enfanter, même s'il s'agit le plus souvent d'une métaphore. « Il faut que tous les enfants enfantent Israël, il faut que ce soit le cœur et l'amour qui les enfantent, par le désir de lui être réuni. Par ce moyen, vous serez mère et épouse par avance », dit-elle. Ces multiples allusions à la maternité peuvent donner une idée de la raison pour laquelle La Famille a fait perdurer cette tradition et expliquer que l'on retrouve des fratries d'une quinzaine de frères et sœurs, encore aujourd'hui. En revanche, les textes de sœur Élisée font état de débordements sexuels, que les membres de la communauté religieuse parisienne se gardent bien de donner en exemple. Au fil de ses discours, sœur Élisée se démarque de la Sainte Famille. Dans ses textes, elle nomme François Bonjour « Silas », et Claudine Dauphan « Colombe ». Elle finit par entrer en complète opposition avec Élie, leur fils. Elle fustige notamment les « secours » violents, subis par les deux fidèles, Étiennette Thomasson et Gothon Bernard. « On s'en est fait un jeu, et un jeu qui est devenu une horreur à mes yeux, parce que ma divinité s'y est retrouvée outragée maintes fois [...]. Il en est qui ont trouvé leur satisfaction, qui y ont mis leur complaisance, et même qui ont trouvé à se contenter », développe-t-elle.

Le 20 janvier 1805, François Bonjour est finalement arrêté, avec 15 autres membres de sa famille ou adeptes. Le voile tombe. L'ex-curé de Fareins est un « fanatique dangereux, un être sans mœurs et sans principes ». Il est « parvenu à persuader les sectaires que cet enfant (Élie) est destiné à opérer bientôt de grands prodiges et à fondre toutes les religions en une seule, qui deviendra celle de tous les peuples de la Terre », commentent les officiers de police. Qualifié de « secte », le mouvement chute. Les Bonjour sont exilés en Suisse, près de Lausanne. Élie, destiné à fondre toutes les religions en une seule, n'aura pas le destin qu'on lui promettait. « Élie n'est qu'un petit-bourgeois. Il est bâti pour être bon époux, bon père et bon citoyen, à coup sûr pas pour être Dieu. Il n'a pas la vocation », ironise le truculent auteur Claude Hau. Revenant à Paris en 1811 après son exil en Helvétie, Élie se marie avec Marie Collet, fille d'un marchand de toiles cirées. Son entourage est composé de bourgeois et d'anciens membres de l'œuvre des convulsions, avant qu'il ne retourne en Suisse, en 1819, pour reprendre la fabrique de taffetas cirés de son beau-père. Élie aura pas moins de 10 enfants, obtiendra la Légion d'honneur en 1832, après avoir été colonel de la Garde nationale en 1831. Il meurt finalement le 4 septembre 1866 à 74 ans. Le messie n'aura pas tenu toutes ses promesses.

La création d'une grande famille

Les arrestations survenues en 1805 signent la fin du mouvement bonjouriste dans sa forme classique. Pourtant, celui-ci ne va pas s'éteindre totalement. Des amis de François Bonjour vont le faire revivre, perdurer, le modifier, jusqu'à en créer une fascinante communauté religieuse qui survit encore aujourd'hui – et est même en pleine expansion. Toutefois, si l'histoire des jansénistes et des bonjouristes est fouillée et détaillée, celle de La Famille est beaucoup plus floue. Quand Serge Maury a appris qu'un groupe, descendant de son sujet de thèse, avait perduré sur plusieurs générations, il n'en a pas cru ses oreilles : « J'étais fou », souffle-t-il. Malgré « l'isolat sociologique » que constituait le petit village de Fareins, le thésard savait que des groupes proches de François Bonjour avaient survécu durant le XIXe siècle. « Il y a des discours, des recueils, disponibles à la bibliothèque municipale de Lyon, qui montrent que des gens ont perpétué la mémoire des Bonjour et de sœur Élisée », témoigne-t-il.

On sait tout d'abord qu'un certain Pierre Thibout, âgé de 42 ans et « gomeur de taffetas », faisait partie des personnes arrêtées lors du coup de filet de 1805. Il a rapidement été relâché, contrairement aux Bonjour. Il serait un cousin d'un des fondateurs de La Famille : Jean-Pierre Thibout.

Ce dernier est né le 25 juillet 1762 à Épinay-sur-Seine. Vigneron, décrit comme « très fort et très vigoureux », il s'est marié une première fois à Marie-Anne Trouillet. En 1784, le couple a une fille, Marie Jeanne. Leur deuxième enfant, Jean-Baptiste, meurt en 1786, dès la naissance. Sa mère décédera quelques jours plus tard. Après la mort de son épouse, Jean-Pierre Thibout se marie une deuxième fois avec Marie-Thérèse Oberger, qui était maîtresse d'école. Puis une troisième fois, avec Marie-Catherine de La Groue, en 1800, avec laquelle il a deux enfants. Jean-Pierre Thibout se marie une dernière fois, avec Victoire Ledemoiseau, une Mayennaise d'origine. Le couple aura trois filles.

Quel était le lien entre François Bonjour et Jean-Pierre Thibout ? Le « recueil sur la Sainte Famille » nous permet de retracer la naissance des enfants de l'ancien curé de Fareins. On y apprend également que, le 11 juin 1791, le vigneron, fatigué d'avoir travaillé toute la journée dans sa vigne, se serait assis par terre et aurait vu sortir des fourrés un enfant nu et tout rouge, lui disant être Élie Bonjour. Cette annonce le revigore : « Ses membres sont délassés et il est plus disposé et plus frais que le matin à son réveil », peut-on lire. Le 30 juillet, l'homme aurait eu une nouvelle vision de cet enfant, le montrant âgé alors d'environ 6 ans, qui serait « descendu de dessus une nuée qui le porte jusqu'à lui. [...] Cet enfant lui montra alors ses mains, pleines d'une farine ou manne extrêmement blanche qu'il prit à son côté gauche. » On comprend donc que Jean-Pierre Thibout aurait eu des « visions » de l'Enfant Saint. Son frère, « Mimi Jean-Baptiste », aurait lui aussi eu une vision d'une « femme portant dans ses bras une petite fille et un petit garçon », c'est-à-dire Élie « Lili » (un surnom affectueux, n.d.a.) Bonjour, sa petite sœur et sa mère.

Le vigneron aurait finalement fait la connaissance de François Bonjour, avant d'en devenir le portier. Dès lors, Jean-Pierre Thibout se met à graviter autour du groupe bonjouriste, qui loge rue des Gobelins. Le recueil de la Sainte Famille nous raconte des anecdotes, plus ou moins miraculeuses, dont Papa Jean aurait été témoin. Un jour, il aurait fait la course avec Élie Bonjour dans la boue. « On fut très étonné de n'apercevoir aucune tache, ni à leurs mains, ni à leur visage, ni à leurs habits. » Un jour de grande sécheresse, Jean-Pierre Thibout aurait demandé à son prophète de faire tomber la pluie! Ce qui serait effectivement arrivé le lendemain. Dans une lettre envoyée à François Bonjour et conservée dans les recueils de la communauté, Jean-Pierre Thibout affirme avoir entendu, un beau matin, la voix du Seigneur. Ce dernier lui aurait fait connaître l'œuvre de François Bonjour et d'Élie. L'ex-curé de Fareins devrait « exercer le ministère de la Bête à sept têtes ». En clair, exercer la fonction de la Bête de l'Apocalypse : la fin du monde. L'œuvre d'Élie serait de « renouveler l'œuvre de Jésus Christ tout entière afin de lui rendre sa beauté première et pour faire rendre gloire à son Saint Nom ». En somme, faciliter le retour de Jésus sur Terre pour 1 000 ans, cette fameuse vision millénariste. Ce texte mystique permet, même si c'était déjà évident, de comprendre que Papa Jean n'était pas qu'un simple portier. Il était un croyant, et était même capable de visions. Dans une autre missive à François Bonjour, Papa Jean raconte : « Mon bon ami, le Seigneur m'a fait voir le palais d'Élie, j'ai cru devoir te l'envoyer, si tu veux me faire une réponse, je la recevrai avec beaucoup de plaisir », déclare-t-il à son comparse de Fareins.

Son fils, Augustin Saint Jean Baptiste (issu de sa troisième union), aurait également été pris de visions. Dans une lettre envoyée à Élie Bonjour, Papa Jean affirme que le 21 octobre 1810, entre 6 et 7 heures du matin, son fils aurait vu « deux bêtes jaunes de la grosseur d'un chien, mais plus épaisses. La première qui s'est présentée comme pour le dévorer avait quatre cornes, et elle a passé sans lui faire de mal. La seconde bête, qui s'est présentée de la même manière, était couverte de petites cornes et, en outre, une forte et longue corne entourée de cornes plus petites posées au milieu du dos formaient comme une cabane. » Selon le futur créateur de La Famille, chaque corne correspondait à différentes personnes de l'entourage ennemi des bonjouristes.

En 1819, bien longtemps après l'arrestation de la secte bonjouriste, le vigneron prend un repas dans un bistrot de Saint-Maur avec son ami François Havet. Les deux hommes mangent un plat de haricots. Au moment de payer, chacun pose une pièce sur la table. Une troisième pièce serait alors apparue : celle du Saint-Esprit. Cette apparition aurait amené les deux comparses à décider de marier leurs enfants. « Les deux anciens se sont mis ensemble pour protéger ce qu'on sait, et faire en sorte que ce ne soit pas oublié », relate vaguement Gilles, un membre de La Famille âgé d'une quarantaine d'années. Ainsi, en 1830, Augustin, le même qui a eu des visions en étant enfant, épouse Françoise Élisabeth Havet. Une fille de Catherine de La Groue, la troisième épouse de Jean-Pierre Thibout, se mariera également avec Charles, fils de François Havet. De cette apparition miraculeuse est née La Famille.

Pendant plusieurs dizaines d'années, la communauté religieuse s'est agrandie autour de Jean-Pierre Thibout et son fidèle comparse François Havet, avec un suivi strict de la religion catholique, piochant certains idéaux aux jansénistes et convulsionnaires. Cependant, le groupe, replié sur lui-même à Paris, dans un monde où la mobilité géographique n'est pas d'actualité, n'en était pas pour autant fermé. Les arbres généalogiques sont catégoriques. Prenons celui des Thibout comme exemple : une des filles de Jean-Pierre Thibout, Angélique Victoire, s'est mariée avec un certain Laurent Joseph Laroze, un nom qui n'apparaît pas auparavant parmi les ancêtres de La Famille.

Pour autant, la plupart des mariages concernent des patronymes qui perdurent encore aujourd'hui. Ainsi, deux des filles de Papa Jean se sont mariées avec des garçons de la famille Maître, l'un des huit patronymes de La Famille. Du côté de Papa Yette, on retrouve les noms Meusnier, Percheval, Bertail, Remond, qui ne font pas partie de la communauté. En revanche, on observe que Louis François Havet, né en 1795, s'est marié en 1831 avec Antoinette Pulin, un nom qui, lui aussi, existe encore au sein de la communauté. Concernant les autres noms encore présents aujourd'hui, bon nombre d'entre eux ont fait rapidement leur entrée dans La Famille. Eugénie Hermance Sandoz s'est ainsi mariée en 1855 avec Alexandre Sanglier, lesquels voient leurs enfants mariés avec des Havet et Thibout. François Déchelette (1820-1894) a, lui, épousé Louise Noémie Havet. Le père de François Déchelette, Barthélémy dit « le grand Déchelette », était un érudit et ami d'Élie Bonjour, à qui il envoya une lettre affectueuse en 1821, lui offrant une fable : « Recevez, monsieur et ami, les sentiments de respect et d'amitié que nous vous devons, moi et quelques amis qui, j'en suis sûr, ne me démentiront point », concluant ainsi une missive dans laquelle l'homme assure garder « l'espérance » en le prophète.

Quoi qu'il en soit, une chose est sûre, la communauté s'est développée autour d'un objectif : s'agrandir en autarcie, sans pour autant exclure les nouvelles entrées. Et dans un monde sans contraception, les enfants sont légion : La Famille s'est vite étendue. D'une dizaine de personnes, le groupe a rapidement doublé, voire triplé. Bien plus tard, en 1892, l'oncle Auguste, que le « noyau dur » – les membres les plus radicaux de La Famille – considère comme le véritable créateur de la communauté, a, lui, décidé d'un virage à 180 degrés. Mais pourquoi a-t-il décidé de fermer son groupe autour de seulement huit patronymes ? « L'un des anciens a eu une vision, a prévenu que les dernières femmes entrantes seraient les dernières, que de nouvelles entrées créeraient un "gros bordel" », analyse Jonathan. « De mauvaises entrées ont créé des tensions au sein du groupe. Des femmes n'ont pas été fidèles, des gens couchaient hors des mariages. Et ces erreurs venaient exclusivement de gens qui ne venaient pas de la descendance de La Famille. La logique était donc d'exclure ces personnes, pour ressouder le groupe autour de personnes solides, de confiance », conclut Gilles.

Auteur en 1992 d'*Après le déluge*, un roman tiré du vécu de ses aînés, l'auteur François Lorris, né dans La Famille, serait un descendant direct de l'oncle Auguste. Il explique dans son ouvrage que ce dernier aurait fait un rêve, eu une vision, dans laquelle Dieu, ou plutôt « Bon Papa », lui aurait parlé. Il serait alors resté au lit pendant une semaine, suffisamment pour inquiéter ses premiers fidèles du faubourg Saint-Antoine. « L'enseignement d'Auguste, au moins dans son début, ne fut pas trop bouleversant », précise l'auteur. Dans son rêve, il aurait appris que la fin des temps était proche, mais que « nous avons raison d'être comme nous sommes et de vivre comme nous vivons ; continuons ». S'il fallait « moins de relâchement », la doctrine était au départ loin de celle d'une fermeture complète. Pourtant, progressivement, et cela l'auteur ne saurait justifier pourquoi, l'oncle Auguste s'est montré plus impérieux. « Il tenait maintenant ses troupes bien en main. C'était le moment de les rudoyer un peu. Et puis, le prophète prenait de la bouteille et, de jour en jour, une mesure plus juste de la vaste mission de réformation que le ciel lui avait confiée. Décidément, la fin du monde arriverait plus tôt que prévu », décrit le romancier sur un ton moqueur caractéristique de son ouvrage. « La Famille devait s'y préparer. Il lui fallait purifier ses mœurs, déjà si pures, jusqu'à revivre la simplicité des temps antédiluviens », martèle-t-il. Ainsi, les préceptes étaient clairs : « Il fallait travailler de ses mains et suer beaucoup de son front, conformément à la tradition, pour gagner son pain, brûler tous les livres, n'en garder qu'un (la Bible – qu'on ne lira pas beaucoup plus pour autant), retirer les enfants de l'école le plus tôt possible, que les femmes portent les cheveux longs et lâchés, bannir de son vêtement la couleur blanche, symbole d'une pureté inaccessible même aux cousins, enfanter sans relâche… » Le décor était planté. Après ce rêve mystique, Auguste se serait mis à disséminer son discours dans les cafés et bars du faubourg Saint-Antoine, et chez les cousins (tous les membres de La Famille) eux-mêmes. L'homme s'invitait à domicile et observait des transes. « Là, il pouvait se convulsionner tout à son aise, se rouler sur le tapis, l'œil blanc et la joue tremblante, imposer le silence, avertir, prévenir, grogner, hurler, haranguer, menacer, fulminer. On écoutait. Auguste : prophète à gros rendement, des visions presque chaque soir, pendant 30 ans », ironise François Lorris. Au début du XXe siècle, « les neuf dixièmes de La Famille » auraient suivi ce dernier prophète dans ses attrayants préceptes.

L'analyse des écrits antérieurs à La Famille permet aussi de comprendre pourquoi celle-ci s'est finalement fermée. Dès le début de l'œuvre convulsionnaire, les textes faisaient cas de la « gentilité », l'extérieur, en critiquant ses « vices ». Un recueil, signé par une certaine « sœur Colombe » (à ne pas confondre avec le surnom donné par sœur Élisée à l'épouse de François Bonjour, Claudine Dauphan) et daté de 1744, c'est-à-dire au début de l'œuvre des convulsionnaires, fait partie des bases. Dans ce texte, cette religieuse se targue de donner une « instruction », qui ne « peut être comprise par la diversité dont vous êtes frappés et aveuglés ». « L'œuvre que j'opère pour vous est encore au-dessus de votre portée… ces différents mots que je viens de vous donner sont une instruction… », évoque-t-elle, avant d'ajouter : « Ma conduite est trop profonde pour être comprise au milieu de cette gentilité. » « Attendez, ô enfants, en patience et en silence mes moments, vous êtes bientôt à la fin de vos épreuves. Encore un peu de temps et je vous éclairerai en vous ôtant le voile qui vous a aveuglé et vous a empêché de vous connaître et de me connaître. Plus les temps vont avancer, et plus je vais me cacher, parce que j'ai résolu de punir, d'humilier et de frapper l'orgueil, la curiosité et la vanité de cette gentilité », poursuit-elle dans ses « discours des samedis ». Selon les documents d'archive, cette dame serait morte à Gonesse, près de Paris, le 13 janvier 1800, entre 7 et 8 heures du matin.

De prophète en prophète

Pour les membres de La Famille, oncle Auguste était le « dernier prophète » à avoir édicté des règles de vie pour l'ensemble de la communauté. Ensuite, on ne sait que peu de choses sur les principes religieux et l'évolution du groupe au début du XXe siècle, si ce n'est qu'il a survécu, tant bien que mal, aux deux guerres mondiales. Ce que l'on sait, en revanche, c'est que de nombreux autres membres de La Famille ont tenté, eux aussi, de se faire entendre de la même manière que l'illustre ancien qui ferma le groupe, imitant ainsi également François Bonjour ou sœur Élisée. « Nous ne sommes pas fermés, tout le monde peut être prophète dans La Famille », révèle un membre actuel. Le processus est toujours le même ou presque : le membre en question dit avoir eu un rêve, dans lequel apparaissait le prophète Élie. Ou alors, il entre en transe, lors de soirées très arrosées aux Cosseux, l'illustre maison de La Famille, construite par l'oncle Auguste à Villiers-sur-Marne. « Soit les gens sont sceptiques, soit ils adhèrent », commente-t-on en interne. Comme toujours dans La Famille, quand une vision prend, la nouvelle se répand comme une traînée de poudre. « Il paraît qu'untel a rêvé ça, a dit cela », nous décrit-on. Ces prétendues visions peuvent avoir un impact sur la vie du groupe, en fonction du message reçu par le visionnaire. « Ils sont dans l'attente du retour du prophète, alors ils prennent tout comme un signe », ajoute un membre qui a « un pied dedans et un pied en dehors » du groupe. Une nouvelle référence au figurisme cher aux Bonjour et à sœur Élisée. « C'est le symbole d'un endoctrinement mental indéniable », accuse ce même témoin.

Dans les années 1960, un certain Vincent Thibout a mobilisé les foules. Grâce à sa verve, et à un projet original pour La Famille – celui de mettre en place un kibboutz, imitant les communautés organisées d'Israël –, il a réussi à créer le plus grand schisme de l'histoire de cette grande fratrie. Cette scission avec la communauté parisienne, sur laquelle nous reviendrons en détail, a permis, par ricochet, de créer plusieurs branches satellites de La Famille dans des petits villages de France, aux idéaux parfois un peu différents, mais à l'esprit de groupe tout aussi soudé. Et, bien souvent, tout aussi secret.

En juillet, août et septembre 2002, un autre fidèle de La Famille, également nommé Vincent, s'est pris pour un prophète et a capté l'attention de ses cousins. À table avec ses parents, ce jeune homme aurait fait un malaise, puis se serait réveillé, avant de parler. Il aurait, ce jour-là, reçu un message du Saint Prophète Élie. « Il n'a rien dit d'extraordinaire. C'était des choses que l'on connaissait déjà. Mais quand il l'a dit, il était vraiment très bizarre. Il était en transe », relate Jonathan. « Il a fait un rappel du type : "Revenez vers moi", "Plus je vous aime, plus vous m'oubliez", "Attention"… C'était un peu une mise en garde sur plein de choses. Moi j'étais gamin, cela m'a fait une onde de choc », se rappelle-t-il.

Des textes, transmis dans le plus grand secret entre les membres de La Famille, permettent d'établir une frise chronologique des événements qui auraient touché Vincent. Tout aurait commencé début août 2002. Lors d'une prière avec plusieurs personnes, le Seigneur aurait fait entendre un message au jeune homme :

« Ceci est pour toi :

— Ne te mélange pas avec la gentilité que pour aller dans les églises de tes frères.

— Ton seul travail est le travail que je t'ai offert.

Ceci est pour vous tous :

— Célébrez vos cérémonies dans vos églises, car je ne vais plus aux Cosseux.

Ceci est pour toi :

— Tes frères aideront ton ménage comme tu as aidé leur Âme. »

« Notre Seigneur m'a demandé d'écrire ce message en présence de mon père », précise Vincent. On comprend que le message de Bon Papa tourne autour de deux thèmes : un rappel de ne pas fréquenter le monde, et un appel à ne plus fréquenter les Cosseux. La première rencontre entre Vincent et Élie aurait précisément eu lieu le 9 août 2002. « Après m'avoir redit tout ce que Notre-Seigneur m'avait déjà dit, il m'a dit que Notre-Seigneur était un peu soulagé de la réaction des gens, mais qu'il n'était pas comblé car les gens pensaient plus à discuter entre eux pour les Cosseux, au lieu de prier sur le fait que je sois descendu aux enfers », explique-t-il. Le 18 août 2002, Élie aurait formulé un message d'avertissement aux membres de La Famille, menaçant d'abattre le « malheur » sur ceux qui n'écoutent pas le Seigneur, sa Parole, celle de Vincent, et à tous ceux qui sèment le doute et la discorde. « L'amour que Notre-Seigneur vous porte est plus grand chaque jour, ne lui faites pas regretter, car sa colère va foudroyer le cœur de ceux qui ne veulent point se résigner », clame-t-il. « Satan est à l'affût de la moindre faiblesse, quittez vos réunions païennes, quittez les lieux où notre Seigneur n'est plus », renchérit-il.

Les visions se poursuivent le 25 août 2002. « L'Esprit du Saint Prophète Élie a emmené le mien à Port-Royal », berceau des jansénistes, débute-t-il. Le tout avant de monter « au Paradis ». Là-bas, il y aurait vu « Notre-Seigneur », lequel baptisait un membre de sa famille. Le « Seigneur » lui aurait dit avoir été « marqué comme Jésus Christ ». Le 2 septembre, le Saint Prophète lui aurait fait des révélations, sans donner plus de détail. Le 4 du même mois, Vincent serait descendu dans la rue après une dispute entre deux personnes. « En bas, Satan était là. Je suis allé vers lui, il m'a fait des choses que je ne pourrais expliquer, il m'a déchiré mon pull et m'a fait très mal au ventre », raconte-t-il. Et de conclure : « Tout d'un coup, l'esprit de Notre-Seigneur est venu en moi, après m'avoir fait prononcer des paroles en une langue que je ne connais pas, et fait plusieurs gestes, Satan est reparti. » Selon Vincent, « d'autres choses » se seraient passées, mais il n'aurait « pas le droit d'en parler ». Ces visions présumées s'inscrivent dans la droite lignée de la culture du secret : oui, Élie lui a parlé, mais il ne peut pas le relayer complètement. Ou en tout cas, le temps des révélations n'est pas encore venu. « Ne dévoile pas ces paroles, car les esprits humains sont trop petits pour comprendre et accepter ces choses. Je te donnerai la force de l'accepter », peut-on lire dans un autre texte relayant les paroles d'Élie *via* Vincent.

D'autres écrits, signés par Vincent, permettent de mieux comprendre ce qu'il en était vraiment. « L'amour que je vous porte est immense. Mais vous m'avez déçu. Vous vous êtes moqués de ma parole, vous n'avez pas voulu croire ma parole. Vous rejetez mon aide, alors vous me rejetez. En me suppliant, suppliant ma croix, votre chemin aurait été tracé dans la foi et l'amour », argue-t-il. « Vous avez blasphémé un frère mis entre les mains de Satan pour expier vos péchés. Vous avez préféré me jeter hors de vos églises, et vous rendre dans un endroit dont je vous ai dit que je n'irais plus, les Cosseux. Aimez-moi, tel que je vous aime, et là, je vous pardonnerai. Et là, je retournerai fêter vos cérémonies aux Cosseux », poursuit-il, comme pour mettre en garde contre un relâchement des membres de La Famille. « Cessez vos paroles inutiles, méchantes, et contraires à ma loi. Restez à votre place, car personne n'a le droit de juger ma parole, ni de juger mes serviteurs. Ainsi votre jugement, votre non-croyance, votre manque de confiance en moi et le travail offert à Vincent, est dorénavant fini *[sic]* », ajoute-t-il. Ensuite, le Saint Prophète, s'exprimant à travers Vincent, appelle étrangement à l'aider, lui et sa famille, car « les prochains temps seront difficiles ». « Malheur à ceux qui persisteront dans l'ombre. Mais je vous aime, et je ne souhaite pas que mes enfants blessés sombrent dans les ténèbres », met-il enfin en garde.

« Dans mes enfants, il n'y a pas de personne qui détienne la bonne parole, à part mes serviteurs et mes messagers. Je foudroierai ceux-là, ceux qui ne veulent pas bouleverser leur mauvaise vie pour moi », avertit Élie dans d'autres écrits, toujours plus mystérieux. « Pour ceux qui m'écoutent, qui me suivent et me donnent leur amour, je serai toujours là », tempère-t-il ensuite. Selon Élie, ce message est le synonyme de son « retour » dans La Famille. Un retour attendu depuis des siècles par ces rigoristes chrétiens. Ce retour sonne malgré tout comme un avertissement. « Beaucoup m'ont trahi », déplore Élie. « Je vous ai donné ma loi. Notamment de ne pas fréquenter ces endroits pleins de vices, dont font partie les Cosseux », poursuit-il dans un réquisitoire à l'encontre de ce refuge contesté de la communauté. Élie critique le fait que les membres de La Famille ont pratiquement « détruit » son « serviteur » Vincent.

De mauvaises langues diraient que le message a été fabriqué de toutes pièces par le jeune homme pour obtenir un peu de respect et de complaisance dans un groupe où il n'était, visiblement, pas à l'aise. D'autres soutiendront *mordicus* qu'il s'agit effectivement d'une vision prophétique. Selon nos informations, Vincent est aujourd'hui un membre actif du « noyau dur » de ce groupe fermé.

Les témoins que nous avons interrogés et qui étaient encore membres de La Famille en 2002 se souviennent des visions de Vincent. Il a eu un certain impact, même si cet impact n'est pas comparable à celui de l'oncle Auguste ou de Vincent Thibout. « Le dernier prophète, c'est l'oncle Auguste, et c'est tout », réfute un quinquagénaire de La Famille. Lui refuse de considérer complètement ces « diseurs de pacotille ». « Ils ne sont que de pâles copies, des menteurs en manque de reconnaissance ou pire, des alcooliques qui bafouent nos croyances millénaires », étrille-t-il. Jonathan, lui, n'est pas du même avis et se souvient très bien de ce moment qui a eu lieu lorsqu'il était adolescent. Interprétées comme un véritable rappel aux valeurs totem du groupe, les visions de Vincent ont eu un effet notoire chez certains membres. Au lieu de jouer aux jeux vidéo, Jonathan est parti prier avec ses « copains » (ses cousins).

« Après, on parlait religion, cela nous a beaucoup ressoudé. Peut-être qu'on avait besoin de cela à ce moment-là », se rappelle-t-il. Bon nombre de membres de La Famille en ont profité pour se recentrer sur la religion : « Certains ont vendu leur voiture, ne partaient plus en vacances, se sont "rangés" », recorde-t-il. Durant cette période, où de nombreuses personnes venaient de quitter le groupe, las de son rigorisme, les visions de Vincent ont renforcé les liens. Même si d'autres, comme Richard, n'y ont jamais cru. Pour lui, les prophètes apparaissent souvent comme par magie, lors de soirées alcoolisées.

Outre Vincent, qui a malgré tout frappé les esprits, d'autres prophètes autoproclamés ont vu le jour ces dernières années, mais sans trop de succès. « Cela peut arriver plusieurs fois dans une année », certifie un témoin au sein de La Famille. « C'est même arrivé il y a quelques semaines », affirmait-il en février 2021. Le symbole de la persistance d'une tradition ancestrale, directement tirée des convulsionnaires de Saint-Médard.

Le mariage,
un prosélytisme interne ?

Que serait La Famille sans ses mariages ? Probablement pas grand-chose. En 1892, l'oncle Auguste a décidé que seulement les huit patronymes se marieraient entre eux. Cette règle majeure de la communauté résonne aujourd'hui comme un manque de flexibilité criant. Celui-ci a provoqué le départ de centaines de personnes qui n'ont pas voulu se soumettre à ce genre de préceptes. Clotilde, aujourd'hui quinquagénaire, en fait partie. « Je n'aurais pas voulu sortir avec quelqu'un de ma famille, et ensuite me marier, alors je suis partie », expose-t-elle. Si certains en veulent à La Famille de ne pas avoir accepté leur moitié, d'autres n'ont absolument aucune animosité envers le groupe. Ils ont accepté les règles en se disant que, de toute façon, leur partenaire, venu du monde, ne serait jamais accepté. Et que, par ricochet, eux aussi seraient honnis du jour au lendemain, même si la plupart gardent aujourd'hui encore quelques contacts avec leurs proches après la scission. « Oui, le mariage entre personnes de La Famille ce n'est pas négociable », tranche le jeune Aurélien, la vingtaine et membre de la communauté.

Le conditionnement des membres commence dès l'adolescence où, selon plusieurs témoignages, on laisse volontairement beaucoup de latitude aux jeunes pour qu'ils puissent « explorer le monde ». « Et s'y casser les dents », constate Julie, presque trentenaire, encore effrayée de son enfance dans la communauté. « On ne peut pas tout leur interdire », abonde Marie, qui a grandi dans La Famille avant de partir. À 12, 13 ou 14 ans, les jeunes ont un « côté naïf », note-t-elle. « Pour ces jeunes, "tout le monde il est beau, tout le monde il est gentil". Il y a un côté bienveillant chez nous. On est des bisounours », recontextualise la trentenaire. Cette innocence mène, comme pour tout adolescent, à des peines de cœur avec les premières amours. « C'est là qu'ils sont redoutables », grince Julie. Imaginez le tableau. Vos parents font partie du noyau dur de La Famille, c'est-à-dire qu'ils suivent la religion à la lettre. Ils vous ont laissé un peu de liberté pendant vos jeunes années, liberté que vous saisissez avec plaisir, en profitant de quelques sorties avec vos camarades de classe, ou vos amis d'école. C'est là que vous rencontrez quelqu'un. Vous avez votre premier bisou, votre première amourette. « Mais comme vous êtes trop prude, en général, cela se passe mal », poursuit Julie. Et c'est là que La Famille et ses membres reviennent à la charge. « Vos parents, mais pas que, votre oncle, votre tante, vos cousins, vont vous dire que les gens du monde sont mauvais, qu'ils vous feront du mal, et qu'en restant avec ceux de la "mif", vous serez mieux traité, plus en sécurité, respecté. Plus heureux, en somme », renchérit-elle. Les discours moralisateurs sont légion. « Il y a cette idée, très ancrée, que si tu rencontres un mec dans La Famille, tu peux faire ta vie avec, ce sera confortable pour toi car il sera forcément mieux que quelqu'un de l'extérieur. On te peint un tableau très clair : tu auras plein d'enfants, plein d'amis (de cousins, n.d.a.), et tu seras toujours soutenue », abonde Julie. Une emprise psychologique vicieuse, pernicieuse, mais diablement efficace. « J'ai eu un souci avec un mec de l'extérieur, cela ne serait jamais arrivé avec quelqu'un de la "mif" », objecte Lola, la trentaine, membre de La Famille et « très heureuse » depuis toujours.

Entendons-nous bien : à l'époque d'oncle Auguste et des débuts de La Famille, les mariages d'amour n'étaient pas la norme. « Au départ, les possibilités étaient très limitées », plaisante un membre du noyau dur. Cette pratique s'est petit à petit estompée avec l'agrandissement du groupe. Aujourd'hui, on célèbre heureusement des mariages d'amour. Les unions entre cousins sont les plus fréquentes ; celles entre frères et sœurs sont en revanche inexistantes, de même que celles entre parent et oncle, neveu ou nièce. « Il y a une prise de conscience progressive et on se marie de moins en moins dans une union consanguine proche », assure Lola.

Officiellement – et c'est une curiosité notable –, les fidèles ne se marient pas « vraiment ». Aucune union ne s'effectue en mairie, les liens de consanguinité étant trop forts. « Ce grand-père inconnu gagnait assez pour faire vivre sa famille dans une aisance simple. Mais il s'était marié à la mode du Bocal, c'est-à-dire sans passer par la mairie. Pour la société et les bureaux chargés de pensionner les veuves, mes grands-parents n'étaient donc pas mariés. À sa mort, grand-mère, qui n'aimait pas les économies, rétention fastidieuse, se retrouva sans le sou, mais avec six enfants – peu pour le Bocal – et une obligation : travailler », raconte François Lorris dans son livre, l'allusion au « Bocal » étant celle d'une communauté en vase clos. Le plus souvent, il s'agit donc de mariages entre cousins, parfois germains. « Mon cousin germain du côté de mon père est marié avec ma cousine germaine du côté de ma mère », témoigne Marie.

Ces événements importants se font dans la pure tradition catholique. Mais attention, il n'est pas question de s'unir à l'église, honnie par leurs ancêtres convulsionnaires qui l'ont toujours vue comme symbole des jésuites, ceux qui auraient « travesti » la « vraie » religion catholique. Comme le décrit très justement l'auteur Serge Maury, citant le père Crepe : « Les tenants de l'œuvre (des convulsionnaires) affirment être la véritable Église : pour eux, l'Église catholique s'est enfoncée dans la prévarication et l'erreur, le dépôt de la vérité et de la vraie foi a été transmis à "l'œuvre", ce qu'authentifient les miracles (ceux de Saint-Médard comme ceux de Fareins) par lesquels Dieu a signifié où se trouve la vérité. » D'ailleurs, pour eux, « l'œuvre a succédé à l'Église ». « Dans leur for intérieur, ils souhaitent et appellent la chute imminente de celle qu'ils qualifient de "Babylone" et de "courtisane qui partage ses criminelles faveurs entre les rois de la terre, et qui fait boire aux peuples le vin de la prostitution". »

Alors, effectivement, n'imaginons pas une seule seconde un mariage dans une église, car celle-ci est la représentation physique d'une religion devenue mauvaise. Fabienne, une ancienne membre de La Famille qui s'est remariée depuis, nous décrit cette haine ancrée dans les croyances de ce groupe. Partie de la communauté en 1982, elle raconte cette aversion totale pour le lieu de culte. « Il ne fallait pas mettre les pieds dans une église. Un jour, une camarade de classe est allée cacher mon cartable dans l'église, je peux vous dire que je ne suis pas allée le chercher. » Autre exemple frappant :

« Regarder un film, ce n'était pas facile. Tu regardes un film, et, s'ils se marient à l'église, il fallait changer de chaîne ou éteindre la télévision immédiatement. Ce n'était pas facile de regarder un film en entier, ou même les informations », relate-t-elle. Et de rapporter : « Certains n'ont pas pu voir le couronnement de la reine Elizabeth II, dans l'abbaye de Westminster, à cause de cela. » Pour conclure, Lucien, un membre de La Famille, caricature : « Après tout, nous ne sommes que des chrétiens qui ne vont pas aux églises. »

Toutes les cérémonies ont donc lieu aux Cosseux, suivant un protocole assez rigoureux. Une curiosité est notable : la mariée – et personne d'autre d'ailleurs – n'a le droit de porter du blanc. Pourtant, la chasteté jusqu'au mariage est une règle impérative de La Famille (même si elle tend à être de moins en moins respectée par les jeunes aujourd'hui). « Un musulman ou un juif ne vous dira jamais qu'il a le droit de se marier s'il a couché avec d'autres partenaires », tente de comparer Jonathan. Ce paradoxe s'explique facilement dans l'histoire de La Famille. Élie, leur prophète, était un messie « auréolé de crimes et de vices », comme le rappelle Serge Maury. « Le messie des fareinistes, rappelons-le, est le fils d'un curé qui a transgressé les codes moraux en vigueur pour son ordre et même par rapport à la société de son temps », écrit-il dans son ouvrage. « L'ex-curé de Fareins (François Bonjour, n.d.a.) a rompu ses vœux de chasteté, et, pire, a eu deux maîtresses dont il a eu des enfants. L'aura sulfureuse qui entoure François Bonjour, et les débordements sexuels que l'on prête aux milieux convulsionnaires, expliquent en grande partie bien des traits du Prophète, pour le moins atypiques, que sœur Élisée dessine discours après discours. »

En interdisant formellement le port de la couleur blanche, on considère que personne n'est pur. Que personne n'est digne de porter cette couleur, symbole d'immaculé. Même si la chasteté est avérée, cela ne suffit pas. Les écrits de La Famille sont pourtant formels : ils affirment que lorsqu'Élie Bonjour reviendra rue de Montreuil pour chercher son troupeau (ses ouailles, ses fidèles) à la fin du monde, afin de convertir les juifs, il sera justement vêtu d'une chemise blanche. Pourtant, comme évoqué ci-dessus, le véritable Élie était tout sauf un messie dont les racines étaient pures. Un paradoxe que les membres de La Famille ne parviennent pas à expliquer précisément. (Notons que La Famille n'a pas hésité à censurer des passages de textes historiques, relatant l'histoire de leurs lointains ancêtres, lorsqu'ils comportaient des allusions sexuelles plus que suggestives.)

Autrefois, le port du blanc était donc interdit dans toutes les tenues vestimentaires sous ce prétexte de pureté. Cette règle s'est progressivement assouplie pour n'être respectée désormais que lors des cérémonies religieuses importantes. D'ailleurs, plusieurs témoins contactés par nos soins ont avoué porter du blanc régulièrement, dans la vie de tous les jours. « Je m'en souviens : ma mère avait une robe violette lors de son mariage aux Cosseux », se rappelle Marlène Fert, qui a quitté La Famille à son adolescence et vit désormais au Sri Lanka, sans aucune peur que l'on cite son nom et son prénom.

Quant à la chasteté, elle est le plus souvent respectée, même s'il devient compliqué, pour les adolescents d'aujourd'hui, de ne pas explorer l'intimité avant le mariage. Jonathan a par exemple décidé de quitter La Famille pour vivre une histoire d'amour dans sa vingtaine. Celle-ci a duré quelques années, puis s'est mal terminée. « Il ne faut pas coucher en dehors du mariage. Si j'avais choisi de rester chaste, je pouvais rester dans La Famille », souligne-t-il. Une fois son histoire finie, l'homme est revenu, comme si de rien n'était. « Quelques-uns m'ont regardé de travers au début, puis je leur ai fait comprendre que j'avais fait une erreur, ce qu'ils ont accepté », salue le trentenaire.

Or, dans La Famille, il n'est pas rare que certains ne trouvent pas leur moitié. Même si la communauté enfle à vue d'œil, il y a toujours moins de choix qu'ailleurs. « Cela crée des drames romantiques », se remémore Marlène. Sylvain, qui a quitté La Famille à 25 ans, était amoureux d'une jeune fille à son adolescence. « Elle était parfaite et, pour le coup, notre lien de parenté était lointain », se souvient-il avec émotion. Puis Sylvain a été éconduit, sa bien-aimée ne voulait pas de lui. « Dans un cadre normal, vous tentez d'oublier la personne en l'évitant au maximum, là j'étais obligé de la voir à chaque fête. Cela a été très difficile pour moi à cette époque », poursuit-il. À seulement 22 ans, sa chère et tendre se marie avec un autre garçon. « Alors là, je n'ai pas supporté », se rappelle-t-il. « Quand vous êtes amoureux et que celle que vous aimez plus que tout est fiancée avec quelqu'un d'autre, votre vie est finie », commente Marlène.

Dans le groupe, on compte aussi plus de filles que de garçons. « On a beaucoup de vieilles filles ou de vieux garçons qui ont laissé passer leur chance », se souvient Marlène. « Mais je connais une fille qui s'est mariée dans la trentaine », s'empresse-t-elle d'ajouter. Selon plusieurs membres de La Famille, de nombreuses personnes ont aussi fait le choix de ne pas du tout se marier. « Je vis seule, c'est un choix de ne pas me marier. » Ce qui permet de créer des vocations professionnelles. À 50 ans, il n'est pas rare de voir des femmes célibataires se former, faire des études pour se lancer à fond dans un domaine, faute de vie amoureuse riche. Lola, elle, a fait le choix d'être secrétaire dans un cabinet dentaire, et se donne totalement dans son travail, traumatisée par son histoire avec quelqu'un « du monde ».

Le mariage au sein de La Famille, c'est aussi l'interdiction de se remarier ou de rencontrer quelqu'un d'autre en cas de séparation, que ce soit pour les hommes ou pour les femmes. Yannick, dans son franc-parler, nous décrit la situation : « Si tu es déjà marié dans La Famille, puis que tu te sépares et que tu te mets avec quelqu'un d'autre, on ne veut pas la voir, parce que tu es déjà marié. C'est là que cela crée des tensions. Pour ceux qui se taisent et qui restent discrets, cela passe mieux », affirme ce jeune homme qui a quitté La Famille avec ses parents au début de la vingtaine. Ainsi, dans une enquête publiée en juillet, *Le Figaro* écrit : « Lorsqu'Alexis a fui La Famille pour se marier à Caroline (une femme de l'extérieur), on a dit qu'il avait "abandonné" son épouse initiale, sa cousine. » Le père de Marie a, lui aussi, quitté La Famille car il ne pouvait pas se remarier en interne. « Il n'avait pas d'avenir », admet sa fille. L'homme est donc parti, se coupant de ses proches.

L'exemple de cette jeune fille de 21 ans, dont le mari a quitté La Famille, a lui aussi de quoi interroger. « Elle était condamnée à rester pour ne pas être toute seule, mais impossible de se remarier », décrit Marlène. En revanche, si un jour l'envie prenait à son ex-mari de revenir, il pourrait reprendre la vie avec elle. « Dans ces cas-là, La Famille vous tolère, mais ne croyez pas que vous serez convié à tous les événements », continue Marlène. En somme, on va vous regarder de travers mais, l'omerta étant souvent le maître mot de ce groupe, vous ne serez pas exclu. « Il est important de souligner que personne n'a autorité pour exclure quelqu'un de La Famille, même s'il ne respecte pas les règles de base. Mais chacun est libre de fréquenter, ou pas, les gens qui ne respectent pas ces règles chrétiennes de base », rappelle Jonathan.

Règle totem de La Famille, le mariage en interne perdure donc encore aujourd'hui, faisant fi des mécontents. Ceux qui ne sont pas d'accord avec ce principe édicté par l'oncle Auguste sont purement et simplement *persona non grata*.

L'épineux problème de la consanguinité

En imposant le mariage interne à seulement quelques patronymes, l'illustre oncle Auguste a pris une décision qui a changé l'avenir de tous ses descendants. Limitant l'union à un tout petit nombre de personnes, le risque était cependant d'avoir un très fort taux de consanguinité. Ce qui, mécaniquement, provoque des maladies graves et des handicaps lourds chez de nombreuses personnes du groupe. À commencer par les maladies récessives, liées à l'altération des deux copies d'un même gène. En pôle, on trouve donc la mucoviscidose, cette maladie mortelle des voies respiratoires et du système digestif. On peut aussi trouver des thalassémies, des maladies d'hémoglobine, des drépanocytoses. « De plus en plus d'enfants ont des problèmes, des maladies, des cancers très jeunes. Mes parents sont cousins, mais heureusement je n'ai pas eu de soucis car ils étaient cousins éloignés », soupire Clotilde, la cinquantaine. Edwige, âgée d'une dizaine d'années de plus, a quitté La Famille il y a plus de 40 ans. Elle se souvient, avec douleur, de sa petite sœur, qu'elle n'a pas pu voir – ou presque – depuis son départ. « Elle n'est pas à l'hôpital. Elle ne bouge que les cils », évoque-t-elle brièvement. Une autre de ses sœurs souffre de la maladie d'Alzheimer, et avait pour habitude de faire des crises de démence. « Elle a fait des séjours à l'hôpital psychiatrique, à base d'électrochocs. On disait qu'elle avait le diable en elle. » « Loin des problèmes génétiques, ce sont surtout les troubles mentaux qui sont légion dans La Famille. Je ne compte plus le nombre de personnes qui ont "des problèmes". Cela va de la simple dyslexie au cerveau totalement détruit », déplore un ancien membre sur la page Facebook créée en 2019 par des anciens de la communauté.

Cyril, dans La Famille et très heureux, tente de chiffrer ces soucis : « Si vous avez six sœurs, il y en aura une qui aura des enfants à problème. Mais ce n'est pas tous les six mois qu'on a un enfant à problème. » « Des proches ont de l'hémochromatose, une maladie liée à la mauvaise absorption du fer. Cela pose d'autant plus problème que les contacts avec le monde médical sont limités autant que possible. Il y a déjà eu des décès de femmes en couche. Ma petite sœur a failli perdre la vie dans les années 1970 parce qu'on ne lui avait pas détecté assez tôt la tuberculose », révélait une certaine Patricia dans l'enquête publiée par *Le Parisien* à l'été 2020.

Marlène, qui a quitté La Famille lorsqu'elle était jeune adulte, a une foule de souvenirs sur les problèmes de santé liés à la communauté, sans savoir toujours définir de quelle maladie ils souffraient. Elle se souvient d'une dénommée Dorothée, qui avait « un peu un grain ». Elle se souvient aussi « d'un nombre étonnant de sourds ». « Je me souviens de trois ou quatre sourds, sauf qu'on ne leur apprenait pas la langue des signes car cela nécessitait d'être dans une école spécialisée. Alors ils étaient mis de côté », raconte la mère de famille, qui mentionne aussi l'histoire d'un jeune homme devenu aveugle, puis décédé prématurément pour des raisons obscures. Un autre jeune homme serait décédé d'un cancer, qui a débuté par une malformation du bras. Un autre encore, handicapé moteur et mental, est aussi mort jeune. « Quand on allait aux Cosseux, il bavait, il avait l'air de souffrir et ne bénéficiait pas des meilleurs traitements. On se posait naturellement des questions, mais on ne nous expliquait pas trop ce qu'il se passait. Dans La Famille, souvent, il vaut mieux se taire et rentrer dans le rang », maugrée Jessica, qui a quitté la communauté avec ses parents quand elle avait 15 ans.

De nombreux témoins, anciens de La Famille, se souviennent aussi de petits enfants aux joues rouges. « J'avais des cousins avec des marques sur les joues. Ils ne grandissaient pas bien, étaient petits, faibles et mouraient jeunes », se remémore Marlène, de manière un peu plus précise. Les détails, souvenirs d'anciens et actuels membres que nous avons recueillis nous permettent de penser que certains enfants de la communauté religieuse pourraient être atteints du syndrome de Bloom. Il s'agit d'une pathologie extrêmement rare, puisqu'elle touche moins d'une personne pour un million d'habitants. « On peut en confirmer le diagnostic par la mise en évidence de l'altération du gène BLM », informe Dominique Stoppa-Lyonnet, professeure de génétique à l'université de Paris et cheffe du service génétique de l'institut Curie, le seul en France à diagnostiquer la maladie. D'après la spécialiste, ce syndrome se caractérise par des personnes de petite taille, atteintes de nanisme. Un mètre cinquante au maximum pour les hommes, un mètre quarante pour les femmes. « Mais c'est un nanisme "harmonieux" », tient-elle à préciser, en référence à la taille du crâne de ces individus, qui est parfaitement normale. En revanche, ces personnes sont atteintes par un lupus, en dessous des yeux, sur les pommettes, ce qui corrobore les témoignages de « joues rouges ». Aussi, les personnes atteintes du syndrome de Bloom ont une « voix de Mickey Mouse », ajoute la scientifique. Ce qui veut dire que leur voix est très aiguë. Et, renchérit-elle, « ils ont tous le même visage, comme un air de parenté, en raison de difficultés de croissance du périmètre crânien, avec un visage un peu allongé ». Enfin, les porteurs ne peuvent pas procréer et meurent assez jeunes. Dans son roman au ton railleur, François Lorris décrit un certain Frédéric, avec un physique qui pourrait s'apparenter à quelqu'un victime de cette maladie. « Quarante ans, un mètre quarante, plus de 40 centimètres entre les genoux (pieds joints), l'intelligence moins assurée que ses jambes en cerceaux. Onze orteils. »

Par-dessus tout, le syndrome de Bloom provoque un risque de cancer ou de tumeur très important, proche de 80 % au cours de la vie des malades. La localisation de ces cancers varie : colon, sein, mais aussi tumeurs cutanées, leucémies et sarcomes. Plus globalement, on constate chez les malades un déficit immunitaire, ce qui les rend très sensibles aux infections (et donc à tout traitement les concernant). Le risque d'être porteur de cette altération de gène est d'environ 1 pour 500 à 1 pour 1 000, mais la maladie, elle, est beaucoup plus rare. Aussi, les embryons porteurs d'une altération ont de plus grandes chances de mourir. Selon Dominique Stoppa-Lyonnet, « lorsque les parents sont apparentés, si dans la famille il y a une altération du gène, le risque que l'autre parent soit porteur est beaucoup plus important que s'il était non-apparenté ». Ainsi, le nombre de patients au Maghreb est beaucoup plus important car le taux de consanguinité est plus fort. « Quand il y a des mariages entre apparentés, le risque d'émergence de maladies récessives est plus élevé », affirme notre interlocutrice.

Et d'après Dominique Stoppa-Lyonnet, il n'existe que trois ou quatre cas officiellement déclarés du syndrome de Bloom en France. D'après nos informations, un cas a été repéré à l'hôpital Saint-Antoine, dans le 12e arrondissement de Paris. Il s'agit d'un jeune homme, trapéziste. Mais rien ne nous permet d'indiquer qu'il s'agit d'une des personnes de La Famille. Celles-ci se sont-elles fait diagnostiquer, sachant que les personnes handicapées étaient parfois mises à l'écart du groupe sans diagnostic de spécialiste ? Rien n'est moins sûr, mais rien ne nous permet de l'affirmer non plus. Quoi qu'il en soit, s'il ne s'agit pas du syndrome de Bloom, il pourrait s'agir également de roséole, une maladie virale bénigne qui touche les jeunes enfants, ou encore de lupus familial.

Dans La Famille, ces handicaps sont accueillis de manière très mitigée. En interne, ils sont nombreux à considérer qu'ils ne sont pas plus nombreux qu'ailleurs à avoir ce genre de problèmes de santé. « Il y en a, mais pas plus que dans le monde », assure Gilles. Une rhétorique qui, on le verra, vaut également pour les abus sexuels, l'alcoolisme ou le traitement des femmes. « Pas plus qu'ailleurs, il y a des mauvais partout », argumente-t-on quasiment à chaque fois. Si personne dans La Famille ne nie les unions entre apparentés, les membres se croient pour certains protégés par Dieu. Ils n'ont donc absolument rien à craindre. « Pour les malformations, Dieu sait ce qu'il fait, il décide », tranche Lola, catégorique. « Je n'ai pas peur de cela car ce n'est pas nous qui décidons. C'est une question de foi », justifie Jonathan. Lui se sent même privilégié par rapport à la population générale. « Les médecins à l'hôpital disent que vu le taux de consanguinité, on devrait avoir un enfant sur deux de malade, mais ce n'est pas le cas. Selon eux, c'est plutôt moins », dit-il fièrement. « On considère qu'on est protégés vu qu'on respecte ce que Dieu nous dit de faire. Il n'y a pas de problème. »

Dans ce cas, comment se déroulent les naissances dans La Famille ? Au *Figaro*, une sage-femme du 20e arrondissement, Anne-Laure, confiait avoir participé à des naissances hors-norme, confirmant de nombreux handicaps et autres malformations physiques. « L'un d'eux est né avec six doigts sur une main. D'autres sont âgés de 30 ans, mais ont 12 ans d'âge mental », se rappelle-t-elle. La praticienne se souvient de femmes faisant grossesse sur grossesse, une information confirmée par l'intégralité de nos témoins.

Nous avons eu l'opportunité d'interroger un gynécologue du 12e arrondissement de Paris, qui fait accoucher, chaque année, une quinzaine de femmes de la communauté. « Ah on les connaît, les Fert, les Thibout, les Sandoz. Ce sont des gens très bien élevés, on savait qu'ils étaient un peu bizarres, issus d'un christianisme primitif, mais ils n'ont jamais fait de mal à personne », plaisante-t-il. De manière générale, ce praticien, que nous nommerons Jean-Louis, certifie que « les grossesses se passent très bien, malgré quelques césariennes, comme partout ». Les jeunes femmes acceptent toujours de faire leur échographie du premier trimestre, leur suivi obstétrical est parfaitement normal, sauf exception. « En revanche, elles refusent de faire un dépistage de trisomie 21. Elles me disent : "Nous acceptons l'enfant tel qu'il vient, c'est un don de Dieu." C'est un peu ce que l'on peut voir chez des femmes rigoristes juives ou musulmanes », informe-t-il. Les accouchements, eux, se déroulent bien en général. « Elles n'ont pas besoin d'épisiotomie, elles ont une très bonne gestion de la douleur, cela se passe tout à fait normalement », assure-t-il.

Refusant de savoir si leur enfant aura un problème physique ou psychique, les femmes de La Famille compliquent toutefois un peu le travail des spécialistes. « Ce que l'on fait, c'est que lorsqu'on sait qu'il y aura une prise en charge en pédiatrie, on les envoie accoucher dans les hôpitaux spécialisés Armand-Trousseau ou Robert-Debré », indique-t-il. Le praticien reconnaît que quelques enfants subissent des malformations, même s'il n'est pas choqué par leur nombre. « À partir du moment où vous avez un taux de consanguinité aussi fort, cela fait des trucs pas *cool*, regrette-t-il. Souvent, les mères nous disent que tout va bien, mais que le numéro 6 a un petit retard d'acquisition, que le numéro 4 est un peu différent des autres, mais on ne sait jamais vraiment de quoi il s'agit, et je ne crois pas qu'elles cherchent à le savoir. Les handicapés sont parfaitement intégrés, de la même manière que les valides. » François Lorris le souligne avec justesse : « Dans le Bocal des tous justes, on fête la venue des simples, des informes et des infirmes comme le meilleur don du ciel. »

Au sein de La Famille, les femmes n'ont en général pas envie d'être « déclenchées ». L'enfant doit naître quand il naît, *e basta*, tranche un membre de la communauté. « Mais c'est très dans la mouvance bobo qui veut que la grossesse soit quelque chose de naturel et non provoqué », tempère le gynécologue du 12e arrondissement. En revanche, les décès à la naissance sont plus nombreux qu'à l'accoutumée. Et en cas d'enfant mort-né, « jamais d'autopsie, à cause des malformations », récite-t-il, comme s'il connaissait les règles propres à la communauté. « C'est vrai que quand quelqu'un de cette famille débarque, on les enjoint direct : "Comme d'habitude, pas de dépistage de trisomie" », admet Jean-Louis.

Malgré ce suivi presque normal, le médecin nous partage quelques souvenirs. Notamment à propos de celles que lui et ses collègues de la maternité nomment les « rebelles » de La Famille. « On en a qui sont parties de la communauté et qui continuent à venir chez nous », raconte-t-il. « On en a aussi d'autres, porteuses de trisomie 21, qui ont leur premier enfant à 30 ans, alors que celles qu'on voit d'habitude ont des enfants très jeunes. L'une d'elles en a fait trois de suite », poursuit Jean-Louis.

L'interruption volontaire de grossesse est aussi un vrai sujet. Celle-ci est formellement interdite depuis toujours, et c'est l'un des interdits qui persiste encore aujourd'hui dans La Famille, comme dans beaucoup d'autres religions. Mais il arrive que des « rebelles » viennent faire « une ou deux IVG ». « Il ne faut pas que cela se sache, alors on se tait, on ne dit rien, ce ne sont pas nos affaires après tout », rejette le gynécologue. Cette information nous a été confirmée par plusieurs femmes de La Famille, dont Jeanne, qui a quitté le groupe dans sa vingtaine. « Mon père et mon parrain étaient vindicatifs sur le sujet. Quand tu as un enfant, tu le gardes et tu te tais. Non seulement cela m'a confortée dans l'idée de faire très attention avec ma virginité, mais cela m'a aussi mis une pression monstre. » Oui car, dans La Famille, la vie est l'œuvre de Dieu. Donc on n'y touche sous aucun prétexte. Pour les mêmes raisons, les moyens de contraception sont strictement prohibés, « au cas où Dieu leur en enverrait un nouveau », raille le médecin.

Notre gynécologue, Jean-Louis, a été particulièrement choqué par le nombre d'enfants nés dans cette communauté. « Il est vrai qu'avoir 10 enfants, pour eux, c'est banal », tranche-t-il. Le médecin se souvient d'une femme de 43 ou 44 ans, qui attendait des jumeaux, ses treizième et quatorzième enfants. « Mon record », sourit ce professionnel expérimenté. Le jour de l'accouchement – une césarienne a été effectuée, même si la mère n'y était pas favorable –, tous les enfants sont venus accueillir le nouveau-né. « On aurait dit un autocar scolaire. Mais tous étaient sages comme des images, fringués comme l'as de pique, les habits bien repassés. Ils ont dit bonjour, n'ont pas couru dans les couloirs. Un comportement très différent de bon nombre de gens qui prennent les maternités pour une société de services », relate notre interlocuteur. « Tout le monde est adorable, les maris aussi. Jusqu'à la médiatisation de leur communauté, on ne s'était jamais vraiment posé la question », soutient-il.

Adorables probablement, nombreux, assurément. « Mon cousin éloigné était issu d'une famille de 17 enfants », nous livre Marlène. Lola, la trentaine, fait figure de véritable exception, n'ayant jamais eu d'enfant. « Elle a laissé passer sa chance, comme beaucoup », plaisante Gilles, toujours membre de La Famille. Les chiffres sont évidemment vertigineux. Il y a 20 ans, on comptait 30 à 40 nouveau-nés par an au sein de La Famille. « On est sur des générations à 100-110 maintenant », nous assure-t-on, aussi bien en interne que chez ceux qui ont quitté le groupe. « C'est exponentiel », confirme Jonathan. Les statistiques de l'Insee vont également dans ce sens. Car si l'intégralité de ces naissances ne concerne pas des membres de la communauté parisienne, elles donnent un indicateur du nombre de naissances survenues lors des dernières décennies, et consolident la thèse d'une courbe exponentielle.

Sur la période 1891-1900, on comptait trois naissances de la famille Fert dans le département 75, contre 111 entre 1991 et 2000. Chez les Thibout, on est passé de 11 à 34, avec un pic à 55 entre 1981 et 1990. Les Sandoz, eux, connaissent une croissance allant de sept à 34, un total jamais égalé auparavant. Alors qu'aucun Pulin n'était né à Paris entre 1891 et 1900, ils étaient 31 entre 1991 et 2000, trois fois plus que la décennie précédente. Les Déchelette sont beaucoup moins nombreux : quatre naissances entre 1891 et 1900, neuf entre 1991 et 2000, et le pic a eu lieu entre 1961 et 1970. Du côté des Sanglier, on est passé de cinq naissances entre 1891 et 1900 à 31 entre 1991 et 2000, avec une explosion à 43 entre 1971 et 1980. Les Havet, eux, sont en stagnation. Ils étaient quatre à naître entre 1891 et 1900, et 19 entre 1991 et 2000, avec un pic à 26 entre 1921 et 1930 à Paris. (De surcroît, selon nos informations, une autre lignée totalement extérieure à La Famille est liée à ce nom.) Même chose pour le nom Maître, dont le nombre de naissance s'élevait déjà à 42 entre 1891 et 2000 et 70 entre 1991 et 2000. Enfin, une famille a progressivement disparu : les Bachelet, qui constituaient le neuvième patronyme de la communauté religieuse. À en croire les arbres généalogiques réalisés par les membres, la lignée s'est éteinte avant la Seconde Guerre mondiale. À Paris, on ne recensait plus que 19 naissances de Bachelet entre 1991 et 2000, contre 25 entre 1891 et 1900 et 52 entre 1931 et 1940. Sur la période 1991-2000, on compte ainsi plus de 300 naissances, soit près de 25 par an. Considérant que certaines naissances se font en dehors de

La Famille, on serait donc un peu en dessous de ce qui est évoqué par les membres de la communauté. Cependant, l'Insee n'ayant pas de statistiques plus récentes sur les noms de famille, il est impossible de savoir si « l'exponentielle » est aussi importante que ce que l'on dit.

Dans *Quoi de neuf dans la famille?*, les généalogistes Jean-Louis Beaucarnot et Nathalie Jovanovic-Floricourt ont réalisé une étude afin de comprendre s'il y avait de vrais « Parisiens de Paris ». Ils ont conclu que 6 % des enfants nés à Paris le 27 décembre 1900 avaient leur arrière-grand-père y ayant vu le jour, avec seulement deux lignées patronymiques depuis le début des années 1700. Et si on exigeait du « Parisien de Paris » que tous ses ancêtres y soient nés, « on n'en trouvait que 18 % dont les deux parents y avaient vu le jour », expliquent-ils.

Ces spécialistes ont ensuite mené la même étude sur les enfants nés dans les 20 arrondissements de Paris un jour de décembre 2017. Ils ont constaté que seuls 2,5 % d'entre eux y avaient au moins un ancêtre au XVIIIe siècle. Et concernant les « Parisiens de Paris », seul un peu plus d'un tiers des enfants y naissant aujourd'hui ont au moins un de leurs parents y étant né, « à peine plus d'un sur dix un de ses quatre grands-parents et 8 % un ou plusieurs de ses arrière-grands-parents ».

Seul l'un d'eux, nommé Donatien, avait ses quatre grands-parents nés sur les bords de la Seine. En remontant son arbre généalogique, ils ont constaté que 59 de ses 64 arrière-arrière-arrière-arrière-grands-parents sont nés à Paris. Ses 32 arrière-arrière-arrière se partageaient seulement 10 patronymes. Ce bébé, né en 2017, « descendait plusieurs fois de mêmes couples qui s'étaient rencontrés à Paris au début des années 1800 », dont 13 fois des époux Jean-Pierre

Thibout et Victoire Ledemoiseau. Le père de ce bébé est artisan, sa mère est au foyer, comme ses deux grands-mères, et toutes ses arrière-grands-mères. Tous les ancêtres de ce bébé-là sont nés au domicile de leurs parents, dans les 11ᵉ et 20ᵉ arrondissements. Et enfin, les couples n'étaient jamais mariés officiellement. Après des recherches, les généalogistes ont découvert que le petit Donatien était issu de La Famille. Représentant l'un des seuls véritables « Parisien de Paris ».

Quant au nombre total de membres de La Famille, on estime qu'ils sont entre 3 000 et 4 000, selon différents témoins. Face à cette augmentation, la maison des Cosseux, à Villiers-sur-Marne, a été réaménagée. Des propriétés voisines ont été rachetées, afin d'aménager une grande nurserie pour prendre en charge les bébés à chaque fête de famille.

La peur de l'extérieur

La Famille est construite sur un principe totem : le secret. Comment ne pas vouloir être curieux, avoir envie d'en découvrir plus lorsqu'une communauté aussi nombreuse perdure en plein milieu de la capitale française, parfois sous nos yeux ? Les historiens que nous avons interrogés sur le sujet sont unanimes : ce secret cultivé possède un ancrage historique bien réel. Souvenez-vous des jansénistes : ils ont été chassés dès leur création, le roi Louis XIV et ses successeurs étant sous l'influence des jésuites. Les convulsionnaires de Saint-Médard, eux aussi, ont été chassés de la tombe du diacre Pâris, obligeant les adeptes à opérer leurs transes dans des appartements privés. Enfin, François Bonjour a été hautement décrié après la crucifixion de deux adeptes. Sœur Élisée, prophétesse du groupe bonjouriste, développe dans ses écrits (parmi les seuls qui demeurent quasi intacts pour cette secte d'une centaine de personnes) l'importance de « se cacher », « se voiler » et « se figurer ». « L'oratrice affirme à la fois le nécessaire culte du secret qui doit protéger le petit groupe de croyants, mais aussi et surtout, elle développe toute une théologie du secret divin, du Dieu caché, dont les desseins sont "voilés" à l'ensemble des hommes et même aux "enfants", mais qui seront "dévoilés" à la fin des temps », explique l'auteur Serge Maury. Les mots « secret », « mystère », « voilé » reviennent régulièrement dans ces textes ésotériques qui nous en apprennent plus sur les ancêtres théologiques de La Famille.

Le figurisme, rappelons-le, signifie que chaque événement peut avoir un sens caché renvoyant à autre chose qu'à la réalité. Et donc, avoir un sens religieux. Chez le groupe de François Bonjour, le mystère est une véritable culture. « Adorez mes œuvres et soyez dans un silence profond sur ces œuvres. Je veux être ambigu, je veux être figure, je veux être voilé, je veux être un beau soleil de justice, et aussitôt après, je veux être ténèbres noires et épaisses, je veux être rempli de symboles », décrit sœur Élisée dans un discours daté de 1801. Dans un autre discours, où sœur Élisée annonce l'enlèvement imminent du Saint Enfant Élie Bonjour pour accomplir sa mission, la prophétesse incarne à la fois l'Esprit et elle-même. Quelques passages de ce dialogue permettent de comprendre comment la culture du secret a pu être inculquée progressivement au sein de la communauté La Famille. Après avoir été quelque temps dans un état d'inquiétude et de souffrance, la sœur Élisée s'écrie : « Ça n'est pas beau mon Papa! Ce n'est pas beau. » Ce à quoi l'Esprit rétorque : « Tout ce que je fais est beau, tout ce que je dis et fais est bien ; et bien téméraire est celui qui trouve à redire à mes œuvres, telles qu'elles puissent être [...] par conséquent, je veux encore dire de même : bordé de noir partout ! Bordé de noir partout ! Parce que je le veux comme cela : mon secret est à moi, parce que je suis celui qui est. »

Ce dialogue développe, selon l'auteur Serge Maury – et nous pouvons effectivement le constater –, un « imaginaire du caché et du secret ». Dans la suite de ce même texte, l'Esprit s'exclame : « Barbouillez partout ; enveloppez partout ! Cachez, cachez partout ! Parce que je le veux comme ça. Aujourd'hui à droite, demain à gauche ; à présent par-devant, demain par-derrière. » Et la sœur le questionne : « Mais Papa, pourquoi donc tout cela ? » L'Esprit reprend alors : « Vous êtes tous de stupides enfants ; vous n'y connaissez rien. Tout cela vous mène au fin bout de votre délivrance. » L'analyse de Serge Maury nous permet de comprendre les racines du secret de La Famille : « Ce texte frappant est structuré par un ensemble de métaphores, dont certaines sont polysémiques. Ainsi, l'image du voile, qui, dans le contexte de ce discours, renvoie à la fois au secret qui cache les vérités divines qui ne seront découvertes, dévoilées que lorsque le dessein divin se révélera aux "enfants", lors de l'avènement du messie et du règne des 1 000 ans. » Sœur Élisée considérait ainsi que l'œuvre divine devrait être préservée de l'extérieur car elle ne concernait pas l'œuvre actuelle, mais plutôt ses « enfants ». « Le secret messianique ne sera dévoilé qu'aux temps à venir », relate Serge Maury. Et donc, peut-être aux membres actuels de La Famille ?

Cette parenthèse historique est essentielle. Elle permet de supposer pourquoi La Famille est aujourd'hui fermée sur le monde. Elle permet d'imaginer pourquoi l'oncle Auguste a décidé de mettre, à la fin du XIXe siècle, un tour de vis à une communauté qui était en train de se pervertir, et d'oublier ses racines. « Ne fréquentez point », aurait-il clamé un jour. Cette culture du secret a été perpétuée avec brio, traversant les décennies, bravant même les guerres mondiales. Elle a contraint François Lorris à publier son roman sous pseudonyme en 1992, s'inspirant très largement de son expérience au sein de La Famille, laquelle était encore totalement inconnue du grand public à cette époque. L'auteur, dans un passage introductif, raconte : « Un étranger converti resterait un étranger, un regard venu d'ailleurs, un danger. C'est le problème de La Famille. Le danger est partout. Le monde est plein d'étrangers. C'est aussi sa raison d'être puisqu'elle doit son invention au refus : du siècle et de ses perversions, de l'Église et de ses relâchements, de ses sacrements prodigués – monnayés ! – par des curés pervers. À l'origine : la détestation du jésuite. Le monde entier est jésuite. »

Dans son roman, François Lorris évoque le personnage de « tante Jeanne », pendant la Seconde Guerre mondiale. Au lieu de lire *Peau d'Âne* et *Barbe-Bleue* à ses petits-enfants, celle-ci avait pour habitude de raconter l'histoire de La Famille et de leurs ancêtres. Leurs ancêtres, les convulsionnaires : « Vois-tu ma fille, les convulsionnaires... Il y a bien longtemps... En 30, au moins... 1730... À Saint-Médard... Eh !... Il a bien fallu qu'on arrête... La police a fini par venir tous les jours... Cela n'était plus possible... Trop de mouvements, trop d'histoires, des éclats... Terrible... Terrible... Alors on a arrêté, on a été chassé. » Ce personnage, descendant de l'oncle Auguste, n'est pas précisément identifié dans les arbres généalogiques de la communauté. S'il pourrait tout à fait avoir été créé de toutes pièces, il permet d'identifier que le groupe puise bien ses racines dans le groupe sectaire de la tombe du diacre Pâris. Il permet également de montrer qu'on inculquait, dès le plus jeune âge, l'art d'être chassé aux enfants de La Famille.

« Il ne faut pas s'éloigner de la rue de Montreuil », aurait dit l'oncle Auguste, afin que ses ouailles se préparent au retour d'Élie Bonjour. Pour être prêt en cas de fin du monde, il serait donc absolument nécessaire d'habiter au plus proche de cette zone. « Les premiers à quitter la rue ont créé un véritable scandale », relaie un membre très bien informé sur l'histoire de son groupe. Jonathan, notre trentenaire toujours partie intégrante de la communauté, décrit pour sa part qu'Élie Bonjour « a bien dit qu'on devait rester ici, qu'il allait être ressuscité et qu'il viendrait nous chercher ici. Il est censé revenir à la fin des temps. » Une autre version de cette tradition ancestrale dit qu'il ne faudrait pas aller plus loin que la plaine Saint-Hubert, située dans le bois de Vincennes. Ceux qui respectent cette règle sont communément appelés les Saint-Huberiens. Dans son récit, François Lorris décrit une même situation. « Pour se préserver, autant que faire se peut, de la contamination, les cousins sont tous voisins. [...] On habite dans un triangle d'or, une terre sainte dont le cœur est le faubourg Saint-Antoine. "Le Faubourg." Il est un troupeau qui broute autour de la place d'Aligre : ce sont les cousins. Déménager pour un autre quartier prend des allures de schisme. Loin et seul! Perdu dans le monde et par le monde! On *est* ensemble. On n'est qu'ensemble. En petit tas jusqu'à la fin du monde, qui ne saurait tarder. » Le ton est railleur, mais représente bien l'état d'esprit dans lequel se situent certaines personnes qui sont nées dans ce groupe fermé.

La rue de Montreuil et ses alentours sonnent donc depuis près de 200 ans comme le fief de la communauté religieuse La Famille. Clotilde est née rue de Montreuil, dans le 11e arrondissement. Ses parents aussi. Ils y ont toujours habité. « Ils vivaient dans des habitations avec loyers sous loi 1948 », un ancien régime qui permettait des loyers peu élevés et faisait bénéficier le locataire et ses proches d'un droit au maintien dans les lieux à la fin du bail. Dans les années 1990-2000, la hausse des loyers a contraint bon nombre de fratries à quitter la rue de Montreuil, trop chère pour les modestes ouailles d'Élie Bonjour. « De toute façon, cette rue faisait un kilomètre et nous aurions été trop nombreux », admet Jonathan. Les Fert, Sandoz, Thibout et consorts ont ainsi progressivement investi les 12e et 20e arrondissements limitrophes, tous à l'est de la capitale. Puis, par ricochet, la proche banlieue : Vincennes, Montreuil, Saint-Mandé. « C'était plus pratique, moins cher, et on gardait l'esprit de l'oncle Auguste : ne pas trop s'éloigner », juge Gilles. Tout est question d'interprétation, en effet. « J'ai une cousine qui vit à Londres. Elle considère qu'elle fait encore partie de La Famille car l'Eurostar est à deux heures de Paris. Moi, je pense que c'est un peu compliqué. Quand elle revient, certains vont la voir, d'autres non », prend pour exemple Jonathan. Quelques membres de La Famille ont également choisi de migrer aux alentours de Villiers-sur-Marne, près de la maison de l'oncle Auguste : les Cosseux.

Le « Bocal » évoqué par François Lorris en 1992 s'est petit à petit ouvert, les années passant. Toutefois, aujourd'hui encore, des immeubles des 11, 12 et 20e arrondissements sont occupés quasi exclusivement par les membres de La Famille. Sur Facebook, des habitants du 20e se souviennent d'une « grande famille », que certains jugent comme « secte ». « Tout le monde en connaît au moins seize », raille un internaute. « Mais ils sont partout », se remémore Assia. « J'ai six familles Fert dans mon immeuble, ils ont tous 10 enfants », raconte Léa. « Ils ne traînent qu'entre eux, ne sortent qu'entre eux, ne parlent qu'entre eux », s'étonne Laïla. Cette autarcie semble donc être bien connue localement, même si personne n'a l'air de s'étonner de cette situation. « J'ai un bon souvenir d'eux car ils n'étaient vraiment pas pareils que les autres jeunes de notre âge. C'était difficile de les approcher et de leur parler. Mais je n'ai aucun souvenir d'un problème avec eux. On se disait juste qu'ils étaient bizarres et on les laissait tranquilles », se rappelle Moussa, qui a grandi dans un environnement rempli de Fert, Sandoz et Sanglier. Un environnement qui ne l'a visiblement jamais gêné.

C'est plutôt l'inverse pour les membres de La Famille. Car la peur de tout ce qui n'est pas dans la « mif » est une notion inculquée dès la naissance chez les enfants du groupe. Dans le vocabulaire de nos témoins, on parle d'ailleurs de « l'extérieur », du « monde », des « gens du monde », de la « gentilité ». La psychologue Évelyne Kotto compare même cette culture du secret à la *taqîya* islamique, une pratique de précaution consistant, sous la contrainte, à dissimuler ou à nier sa foi afin d'éviter la persécution. « On ne doit pas dire. Il y a un art de la dissimulation, au risque d'être ennuyé. » Et quand quelqu'un s'en va ? Il est parti dans le monde. La mère d'Arnaud Boland faisait partie de La Famille, mais pas son père. Il a toujours été vu différemment des « vrais » membres. « On était un peu à l'écart », se rappelle-t-il. Enfant, il n'avait pas le droit d'assister à toutes les réunions, notamment celles aux Cosseux. Il avait juste le droit d'aller chez son grand-père, où il voyait ses proches cousins. Sans se soucier de rien, avec l'innocence d'un enfant. « Il ne pouvait pas, pour nous, y avoir de vie dans La Famille à cause de notre (à son père et à lui, n.d.a.) nom », conclut-il. Pas traumatisé par la communauté – c'est en grandissant qu'il s'est posé des questions –, Arnaud se souvient tout de même que l'on « faisait peur aux enfants avec le diable ». « Cela me terrorisait lorsque j'étais petit », se rappelle-t-il. Et bien souvent, on dit justement que le diable, c'est l'extérieur. « Le boulanger, la crémière, la voisine, le facteur ne sont pas de La Famille! Tous suppôts! Satan est partout », ironise François Lorris.

Ce repli sur soi a gêné quelques existences. « On est conditionné dès petit à ne pas parler à la gentilité, à ne pas parler de tout ce qui fait partie de La Famille. On nous décrit l'extérieur comme le diable, que ces gens sont le mal », décrit Marie. Un témoin résume : « Nous préférons nous réunir entre nous pour essayer de nous préserver des vices du monde. Ce qui malheureusement ne marche pas toujours. En cela nous ne sommes pas différents des autres communautés religieuses. » De quels vices du monde parle notre interlocutrice ? « Comme tout chrétien : la drogue, le sexe, la perte des valeurs de la famille au sens littéraire, les viols, la danse. Mais cela est commun à tous les chrétiens », nous écrit-elle. Selon Aurélien, la tendance est pourtant à l'évolution : « J'ai eu deux copines alors que c'est proscrit, j'ai même couché avec des filles de La Famille avant le mariage. Je n'ai pas été propre, mais je suis épanoui », affirme-t-il.

Dans cette communauté fermée, quelques-uns sont persuadés d'être nés sous une bonne étoile. Il faut dire que le noyau dur de cette famille semble très soudé et la plupart ne donnent pas l'impression d'avoir besoin de se mélanger. Un véritable communautarisme. Cyril le reconnaît avec humour, mais sérieux : « On se sent proche des juifs et des musulmans qui restent aussi très souvent entre eux. » « On a une forme de sympathie non dite pour ces communautés qui conservent leurs valeurs », enchaîne Marlène. Mais cette fermeture entraîne aussi des accès de xénophobie. « Les préjugés sur les Noirs et les Arabes sont fréquents chez nous », regrette-t-elle. L'histoire d'une femme membre de La Famille, qui a eu un enfant avec un homme d'origine africaine, a de quoi choquer. Leur fille était de couleur noire, et s'est retrouvée à fréquenter la communauté. « Tout le monde l'ignorait, regrette Marlène. Aux fêtes, aux mariages, les gens se levaient, partaient ou changeaient de trottoir. » Ce qui n'a finalement pas empêché cette jeune fille, devenue femme, de trouver l'amour au sein de la communauté et de s'y marier. « Si tu es à moitié de La Famille, il arrive que tu puisses y rentrer », ajoute-t-elle, même si ce cas reste extrêmement rare. « D'ailleurs, son mari était un alcoolique et drogué notoire. Il l'a tapée et s'est barré au bout de quelques années », conclut-elle, tragique.

Ce groupe ultraconservateur véhicule aussi quelques préjugés envers les homosexuels. Tous ceux ayant choisi cette orientation ont dû s'éloigner, voire quitter le groupe, avec pertes et fracas, ou bien choisir de renier leur véritable orientation. « J'ai réussi à faire un peu bouger les mentalités autour de moi, mais des gens ne veulent pas me dire bonjour en raison de mon orientation sexuelle, déplore Cécile, lesbienne qui a quitté La Famille avant d'y revenir. Ils avaient une vision hyperarchaïque, mais le fait de les fréquenter leur a fait comprendre que les homos ne sont pas là à faire les boîtes de nuit, à faire n'importe quoi. » « Mon oncle est homosexuel, il a toujours vécu en cachette », témoigne Marie. Marlène, elle, évoque le cas du parrain de son frère, célibataire, qui habitait avec sa mère. « Tombé malade, il est mort du sida. Sur son lit d'hôpital, son amant est venu chez lui. J'avais 8 ans. Ma mère lui a demandé qui il était. Il a dit : "Bernard était l'amour de ma vie." Les autres membres lui ont répondu : "Non, merci, au revoir." Il est reparti en pleurant. »

Entre eux, les membres de La Famille se sentent protégés de l'extérieur et tendent à instaurer une peur des autres, des étrangers, qui sont « dans l'erreur », exprime Fabienne. Partir ? C'est une possibilité, mais si vous le faites, vous serez malheureux, et vous devrez reconstruire l'intégralité de vos liens sociaux, dans un monde mal éduqué. Contrairement à la majorité des sectes, pas question d'aller recruter. « Le recrutement se fait en interne, par les nombreuses naissances », tacle Marie. « Avoir grandi dans un tel contexte peut être le terreau, à l'âge adulte, de personnalités très spécifiques, et pathologies psychiques, psychiatriques, de traits de caractère paranoïaques. Car la communauté, en elle-même, a un fonctionnement paranoïaque, par sa peur de l'extérieur », mentionne une psychologue, qui a préféré rester anonyme.

Combien connaissent véritablement l'ancrage historique de La Famille ? La question mérite d'être posée. Si certains possèdent les fameux textes, que la communauté conserve tel un Graal, en se les transmettant de génération en génération – seul le Vatican en aurait eu connaissance, selon eux –, d'autres ne savent pas vraiment expliquer leurs croyances. « C'est cela qui montre que ce groupe est une secte », argumente Richard, l'homme à l'initiative de la médiatisation du groupe, pour qui la fermeture en est le mal principal. « Elle n'a pas lieu d'être », martèle-t-il. D'après lui, personne n'est capable d'expliquer réellement pourquoi l'oncle Auguste a décidé de fermer la communauté, car cette décision va à l'encontre des préceptes de Jésus. « Ce qu'ils font, c'est du séparatisme religieux. S'ils étaient musulmans, cela ferait un tollé au niveau national », avance-t-il.

Nos différents dialogues avec des membres de La Famille nous ont en effet permis de constater une relative méconnaissance de leurs ancêtres. Quand les uns se disent anabaptistes, d'autres se prétendent jansénistes ou même de simples chrétiens. Quand les uns affirment être descendants des convulsionnaires, d'autres se muent en « disciples de L'Œuvre ». Enfin, quelques-uns disent même être athées, un comble ! « Je m'en tiens aux 10 commandements de la Bible et c'est déjà bien par rapport à certains qui ne croient même pas en Dieu », nous a glissé un membre.

Mais alors, pourquoi l'oncle Auguste a-t-il fermé La Famille ? Peu savent répondre à cette question pourtant centrale. Avons-nous « raté » les plus intéressés par l'histoire du groupe lors de nos entretiens ? C'est une possibilité. Une autre possibilité semble aussi à explorer : celle de l'effet de meute. « Les gens ne se rendent même pas compte de ce qu'ils vivent à l'intérieur. On mélange famille et religion, c'est un carcan psychologique. On réfléchit à 3 000 », revendique Richard. En somme, beaucoup naissent là et ne se posent pas de questions. Par manque d'éveil, ils vivent ici, sans chercher plus loin. Sans s'ouvrir, en vivant le plus souvent heureux, admettons-le, mais en ratant, peut-être bien, la majorité de ce qu'offre une vie. « C'est aussi probablement car dans La Famille, on ne sait pas ce que c'est que d'être heureux », juge une psychologue. Cette spécialiste, qui a travaillé avec des enfants embrigadés par les idéaux de l'extrémisme islamiste, ose un parallèle : « Les gens sont tenus par la terreur. Et après, cette peur s'estompe et cela s'ancre en eux pour toujours. »

La Famille, un étrange folklore

Après un trajet de près d'une heure de RER en partant du centre de Paris, nous faisons escale à Villiers-sur-Marne, commune calme et sans histoire de plus de 28 000 habitants. Une bonne vingtaine de minutes de marche plus tard, on pénètre dans un lotissement on ne peut plus banal, en périphérie du centre-ville. Ici, chacun dispose d'un petit jardin, comme si des Parisiens avaient cédé à leur tentation de retrouver un peu d'air frais et de verdure. Les bâtisses sont souvent vieillottes, mériteraient un bon ravalement. Mais nous ne sommes pas ici pour juger l'architecture locale. Ce qui nous intéresse, c'est cette petite maison au crépi blanc, un peu plus haute que les autres, mais au moins autant défraîchie. Les barreaux protecteurs de la propriété sont bardés de plastique vert, comme si l'on voulait cacher tout ce qu'il se passait en son intérieur. Le domaine n'est pas habité en permanence : la boîte aux lettres déborde de prospectus publicitaires. Pas de nom inscrit sur celle-ci, ni sur la porte extérieure. En plongeant le regard à travers cette dernière, on doit écarter d'épais feuillages pour apercevoir une grande porte cochère en bois. Ici trône la maison des Cosseux, fief historique de La Famille.

Les Cosseux, c'est la maison de famille, qui appartenait autrefois à l'oncle Auguste. Une ancienne ferme, en bordure de la commune du Plessis-Trévise. Depuis, la maison a été maintes et maintes fois rénovée, même si la façade nécessiterait aujourd'hui un profond ravalement. En faisant le tour du pâté de maisons, on arrive sur un petit parking, entouré d'un grand mur. En escaladant, on aperçoit un terrain beaucoup plus grand que toutes les propriétés alentour. C'est ici que La Famille célèbre tous ses mariages, ses fêtes religieuses, et elles sont nombreuses. Au bout du terrain, un conteneur, telle une poubelle municipale, a été disposé. On se croirait presque dans un centre social. On imagine les centaines de membres de la communauté festoyer, rire, danser, un jour de Pâques. Dans un coin, un tableau noir est disposé sur une cabane aux volets verts. C'est ici que les enfants, toujours plus nombreux, sont réunis à chaque rassemblement. Quelques parents doivent organiser des jeux, ou leur apprendre chants ou prières.

Après cet exercice d'espionnage, direction le bar-tabac du coin, le seul à avoir survécu à la mort progressive des petits commerces dans la zone. Parfois, les dimanches matin, le gérant reçoit une quinzaine, voire une vingtaine d'hommes dans son établissement, qui pourraient être des membres de La Famille. « Ils sont très polis, il y a parfois leurs femmes », commente-t-il. Dans la pharmacie un peu plus loin, les gérants connaissent bien La Famille. Ils ne connaissaient pas le nom de la communauté, mais savent que régulièrement, les week-ends, la clientèle augmente. Des enfants, toujours très polis, viennent avec leurs parents pour récupérer des médicaments. Parce que, rappelons-le, La Famille s'occupe de ses aïeux jusqu'à leur dernier souffle.

Un peu plus loin, une boulangerie a fermé ses portes. C'est ici que les enfants allaient, jusqu'à il y a quelques années, chercher leurs bonbons. « C'était la chasse aux bonbons. On nous donnait quelques pièces et on allait jusqu'à la boulangerie, et après on s'échangeait les sucreries », se remémore Marlène, avec une certaine nostalgie.

Dans le voisinage, on a bien conscience qu'une communauté religieuse de chrétiens très pratiquants se donne rendez-vous ici depuis très longtemps. Les plus proches voisins en savent quelque chose. La Famille a, il y a quelques années, acheté plusieurs maisons voisines des Cosseux, pour agrandir son domaine ! « Je suis sûr que, si on vendait notre maison, ils proposeraient de l'acheter », assure une jeune voisine. « Ils sont discrets, les jeunes ne parlent pas trop », commente l'adolescente, qui reconnaît trouver « bizarres » les gens de cette communauté. Les voisins d'en face, eux aussi, subissent les conséquences des multiples fêtes religieuses de La Famille. « Plusieurs samedis par mois, on voit débarquer des centaines de voitures. Ils encombrent la rue », pointe l'un d'eux. « C'est assez impressionnant et gênant pour nous lorsqu'on veut se garer », peste son épouse, qui a installé un panneau « Interdiction de stationner » devant son portail pour limiter les nuisances. Un peu plus loin, une autre voisine décrit de nombreux monospaces, voire des minibus, se rendant sur place pour assister aux différentes fêtes religieuses. Et si plusieurs membres de la communauté rappellent que « tout le monde n'aime pas aller aux Cosseux », quand bien même ils ne seraient qu'un tiers à assister aux cérémonies, ils seraient au moins un millier à chaque fois !

À chaque fête de La Famille, les voisins sont perturbés par le bruit qui y règne. « On se croirait à la piscine municipale », déclare l'un d'eux, sarcastique. « On entend des cris d'enfants, stridents, parfois des chants, c'est vraiment comme une cour de récréation », rapporte une vieille dame, qui habite ici depuis 20 ans et qui a « toujours vu » cette communauté. Cette femme savait que des religieux étaient installés là. Elle avait – avant l'épidémie de coronavirus – pour habitude de les croiser dans la rue, endimanchés. Les hommes, même jeunes, étaient toujours en costume-cravate, les femmes en jupes ou robes longues. « Ils ne vont pas volontairement vers nous si on ne les approche pas, ils sont assez sauvages », admet-elle. Un autre riverain décrit tout de même quelques jeunes, qui avaient pour habitude de « picoler » dans la rue. « Mais c'était très rare, et cela n'a jamais vraiment duré longtemps », tempère-t-il.

Comme le soulignent les riverains, La Famille n'a jamais vraiment fait de vagues à Villiers-sur-Marne. Cependant, en juin 2013, un mystérieux incendie y a été déclaré. « "La grande famille", comme les appellent les habitants du quartier, n'a plus de lieu de rassemblement. La maison dans laquelle se rassemblaient à chaque fête religieuse jusqu'à 200 protestants *[sic]* à Villiers, a été incendiée dans la nuit de lundi à mardi », peut-on lire dans un article du *Parisien*. Selon le quotidien local, l'origine semblait « criminelle » puisqu'un bidon de produit inflammable avait été retrouvé sur place. « L'alerte a été donnée vers 3 heures du matin, mais les flammes ont ravagé la maison. Un homme a été blessé dans l'incendie ; il a été hospitalisé, mais ses jours ne sont pas en danger », poursuit l'article. On peut y lire que La Famille possède la maison depuis les années 1920, et que des personnes s'y regroupent cinq ou six fois par an. « Il y avait eu une pétition contre eux il y a une dizaine d'années, mais ils ne gênent pas, au contraire, ils font travailler les commerçants du quartier quand ils se réunissent », confiait la boulangère du coin au journal local. « Ils chantent tardivement et il y a de nombreux véhicules, mais ce sont des gens sérieux, leur présence n'est pas du tout gênante », témoignait pour sa part une riveraine. Le reportage fait également état de dégradations régulières dans ce qui est incorrectement nommé une « salle de prière protestante ». « Tous les week-ends on remet les palissades qu'on nous abîme », déploraient alors de brumeux « responsables du lieu de rassemblement cultuel ». Ce fait divers est la preuve de certaines dissensions au sein de la communauté. Selon plusieurs témoins que nous avons interrogés, l'incendie criminel a été la conséquence d'un âpre règlement de compte intrafamilial. Aussi, d'après nos informations, pour éviter les conflits au sein de la communauté, chaque parcelle des Cosseux porte l'un des huit noms de La Famille.

Ces tensions n'ont pas empêché les membres de La Famille d'instaurer un fascinant folklore construit grâce à leur autarcie. Le fruit de traditions ancrées depuis des dizaines d'années, qui en font aujourd'hui une communauté unique en son genre. Si la plupart de ces us et coutumes sont tirés de la religion chrétienne, d'autres sont issus simplement du vécu des ancêtres de cette immense fratrie parisienne. Tout d'abord, précisons que ces traditions ne sont pas appliquées de la même manière dans chaque famille. Fabienne, par exemple, dit avoir grandi dans une famille très ouverte. Son père ne vivait pas du tout dans le « moule préétabli ». Les traditions, il ne les a pas toutes appliquées. En revanche, d'autres vécus montrent des familles qui vivent au rythme de ces coutumes. À commencer par les réunions aux Cosseux.

Une dizaine de « fêtes » sont organisées chaque année à la propriété de Villiers-sur-Marne. Il s'agit de Pâques, Noël, l'Ascension, Pentecôte, l'Assomption ou encore la Toussaint, en plus des différents mariages. « Lors des fêtes, on chante, il y a des chorales, on chante en chœur, se remémore Fabienne avec affection et nostalgie. Les voisins disaient que c'était magnifique. Les commerçants étaient contents. Mais quand il se passait des "trucs", des conflits en interne, ou des visions par des prophètes, on n'avait plus le droit de sortir. »

Les Cosseux, ce mystérieux quartier général qui a traversé les décennies, est avant tout une grande maison de famille. On y retrouve une grande salle à manger, des petites chambres, et surtout un immense préau où il est possible de manger à plusieurs centaines de personnes. Lors des événements, on dispose des tréteaux de bois sur lesquels on met des planches et des nappes en papier. Simple, efficace. On classe les personnes selon leur âge : les plus âgés d'abord, les jeunes, et les moins jeunes. « Tous les tréteaux ne se valent pas. On se compte, puis on s'y range par genres, cote, façon d'ergoter, habitudes… Là les biens bénis, ici les sous-bénis […] et tant d'autres qui se jettent à la figure fanfreluches, bons mots, guenilles, citations du prophète Auguste, regards louches, renvois, phrases phraseuses, doucereuses, vomitives, et des choses encore », décrit François Lorris, toujours avec provocation. « On fait manger les enfants en premier », se souvient Fabienne. « Quand un patriarche commençait à chanter, tout le monde suivait et cela pouvait durer 45 minutes, une heure », sourit Marlène. Traditionnellement, lors des fêtes hors mariages, on dégustait des « bibiches », des petits sandwichs. « On faisait le repas vers 14 heures, et quand on repartait vers 19-20 heures, il y avait des personnes qui nous faisaient des sandwichs saucisson-camembert, qu'on pouvait déguster sur le chemin ou dans la voiture », ajoute la trentenaire.

Outre ces réunions aux Cosseux, les traditions sont légion dans La Famille, la plupart inventées par l'oncle Auguste lui-même. Des traditions religieuses d'abord. Le père est prêtre de sa famille : s'il est rigoureux, il fait chanter des cantiques historiques à sa famille à plusieurs dates de l'année (24 juin, 18 août, 22 octobre, 24 décembre, Vendredi saint). Le dernier samedi avant le Carême, on s'offre systématiquement des chocolats : ce sont les Crottes, en référence à la forme des chocolats que s'offraient les ancêtres autrefois. « C'est un moment pour ceux qu'on n'a pas pu voir pendant les fêtes », commente Gilles.

Les baptêmes, effectués à six semaines, sont faits avec la famille rapprochée. Pour le 14 juillet, des réunions sont régulièrement organisées, parfois à la campagne ou à la mer, entre « cousins », ou simplement aux Cosseux. « J'ai 34 neveux et nièces, huit frères et sœurs, donc on allait régulièrement à la campagne », assure Jonathan.

Les membres de La Famille aiment se réunir au bois de Vincennes, pour fêter anniversaires ou lendemains de noces, ou bien simplement prendre l'air en groupe dans le parc floral. Des tournois de football y sont d'ailleurs organisés pendant le Carême. Du futsal était aussi mis en place à Créteil ou à Nation, dans le 12e arrondissement de Paris, il y a quelques années. Des échanges de courriels montrent qu'un véritable championnat amateur avait été mis en place au milieu des années 2010, où les remplaçants tentaient à tout prix de prendre la place des titulaires, dans une ambiance de franche camaraderie. Un tournoi de pétanque, appelé « les boules », a lieu tous les ans.

Les hommes de La Famille font toujours l'ouverture de la pêche au parc de Noisiel. Et tous les premiers samedis de juillet, c'est la fête des Ablettes, du nom de ce petit poisson argenté qui vit dans les eaux douces d'Europe. « On se réunit, entre hommes, et on pêche des ablettes. C'est aussi simple que cela », raconte Jonathan. « Normalement, ce n'est que pour les hommes, mais on est un peu plus souple maintenant. C'était assez macho quand même à l'époque », admet-il.

Autre fête des plus emblématiques : la Soupe. Chaque premier samedi du mois, les hommes de La Famille se réunissent au *Taillebourg*, un restaurant du 11e arrondissement de Paris, situé boulevard de Charonne. Ils boivent un coup en y célébrant les naissances, toujours plus nombreuses. Selon Jonathan, on appelle cette fête la « Soupe » tout simplement car les ancêtres de La Famille mangeaient de la soupe tous les mois. Désormais, il y aurait même une seconde « Soupe », rue des Pyrénées, dans le 20e arrondissement de la capitale.

Les membres de la communauté célèbrent aussi les « haricots » chaque premier samedi de l'année, soit le jour où La Famille a été fondée. Là aussi, il ne s'agit pas d'une fête particulièrement religieuse, mais plutôt une tradition en l'honneur des « anciens ». « Ils se sont mis ensemble pour protéger ce que l'on sait, et faire en sorte que ce ne soit pas oublié », relate Jonathan. Les anciens sont bien évidemment Jean-Pierre Thibout et François Havet. Lors de leur fameux repas dans un bistrot de Saint-Maur (qui aurait abouti à la création de La Famille), les deux hommes auraient dégusté des haricots. Aujourd'hui, en toute logique, la communauté célèbre les haricots dans un restaurant de La Varenne Saint-Hilaire dans la ville de Saint-Maur. Un moment de convivialité extrême.

Les sorties dans le bois de Vincennes font partie des favorites des membres de La Famille. Entre cousins, ils aiment aussi s'exiler, le temps d'une journée, au parc du Tremblay, à Champigny-sur-Marne. La forêt de Fontainebleau fait l'objet d'une visite annuelle afin d'aérer les nombreux enfants habitant dans d'étroits appartements parisiens. De même que l'île de loisirs de Jablines-Annet (Seine-et-Marne). Ceux qui ont la chance de partir en vacances se rassemblent souvent à Houlgate (Normandie) et alentour, la dernière semaine d'août.

Étant très nombreux, les membres de La Famille peuvent tout faire en groupe : week-ends de bateau à Fécamp (Seine-Maritime), tournois de scrabble, de poker, chorales, sorties vélo, randonnées, concours de tarte aux pommes, kermesse de fin d'école, semaines de ski, rallyes culturels, festivals en tout genre, autres sports comme le volley, le tennis de table. « Les VVF (une association française de tourisme familial, n.d.a.), à côté de nous, ressemblent à des monastères », s'amuse un membre.

Toutes ces célébrations, ces fêtes joyeuses, symboles d'une histoire forte, d'une solidarité inégalée et d'une culture « hors les murs », n'ont pas – toutes – pu se poursuivre depuis le début de l'année 2020 et le début de la pandémie mondiale de coronavirus. « Cela a balayé nos habitudes », se désole Chloé. Maël, un jeune membre de La Famille, dit en avoir encore des sueurs froides. « Nous sommes censés résister à tout, mais ne plus voir les copains, c'est une sacrée tannée. » Ce jeune adulte regrette la période d'avant où on pouvait « boire un coup », « voir ses oncles et tantes » et « s'en payer une bonne tranche » lors d'un moment convivial avec les siens. Hélas, la situation sanitaire est venue tout perturber.

Dans La Famille, il se murmure que la pandémie de coronavirus est un signe annonciateur de la fin des temps. C'était prévu. Un signe que l'humanité n'a pas écouté, s'est trop pervertie, et ne fait aujourd'hui qu'en récolter les pots cassés. La relative xénophobie dont font preuve certains membres du noyau dur n'arrange d'ailleurs pas les choses, le virus étant parti de Chine. Si loin, pour une communauté qui n'est pas censée quitter Paris.

Mais comme à propos de toutes les tristes nouvelles de notre monde, La Famille doit bien se plier aux règles. Et, il faut le dire, elle l'a fait avec brio. Quand bon nombre de jeunes n'hésitaient pas à festoyer en cachette, organisant fêtes sauvages et autres rave-parties dont la presse s'est à juste titre fait l'écho, La Famille a choisi d'être exemplaire. Si les contacts entre très proches n'ont pas été stoppés, les grandes fêtes aux Cosseux ont été limitées au strict minimum, contraignant, finalement, les membres à un cercle familial plus « classique ». Éduqués à « subir » la situation qu'ils vivent, les cousins ont préféré respecter « scrupuleusement la loi », comme le souligne Jonathan. « Jésus a dit au sujet de l'impôt que certains chrétiens refusaient de payer à un empereur païen : "Rendez à César ce qui appartient à César." C'est un rappel pour nous de respecter la loi », justifie-t-il. Si elle regrette de n'avoir pas pu voir ses proches pendant cette période difficile, comme bon nombre de Français, Anne est du même avis que Jonathan : « Qui mieux que nous sommes habitués à subir ? » Et Cyril de compléter ces propos avec brio : « Question d'habitude. »

À bon entendeur.

Une culture de l'alcool

Portier de François Bonjour à Paris, Jean-Pierre Thibout était vigneron. C'est un jour, dans ses vignes, qu'il aurait eu une vision dans laquelle serait apparu le Saint Enfant, Élie Bonjour. Dans son roman, François Lorris n'a de cesse de rappeler que l'alcool est un des piliers de La Famille. À bien y réfléchir, et à la vue du nombre de témoignages que nous avons pu recueillir sur le sujet, il s'agit d'un des maux majeurs de cette communauté religieuse. Autrefois, on disait même que quelqu'un qui boit avait « de la religion », car si les innombrables coutumes et traditions mises en place par le groupe à travers les décennies se perpétuent, elles s'empilent aussi. Et à chaque fête, on boit, on boit énormément. « C'est culturel », certifie Jean-Marc, qui a passé toute sa vie dans la communauté. Comme on pouvait donner un paquet de cigarettes à un jeune de 15 ans il y a quelques dizaines d'années, dans La Famille, on éduque très tôt à boire un coup, voire plusieurs. « On les fait boire dès 13, 14 ans », indique Edwige. « C'est un très gros problème. Mais ce n'est pas un problème que l'on cache sous le tapis, dont on n'est pas conscient, sur lequel on ne prend pas de mesures », défend Maël.

Dans son roman, François Lorris le décrit sans langue de bois : « Un baptême est toujours suivi d'un "arrosage". [...] Les jours sans arrosage, on boit abondamment et sans y penser. Mais, aux heures sérieuses où la colombe de l'Esprit Saint descend spécialement sur l'un d'entre eux, les cousins boivent avec cœur. C'est une communion qui va rassembler les élus de midi jusqu'à l'heure des croissants, près de deux tours d'horloge pendant lesquels le sang de Notre-Seigneur sera très nettement préféré à sa chair. » Aux Cosseux, on boit donc en quantité, de 13 heures à tard le soir. Dans cette maison de famille, on retrouve des alcools simples. « Il n'y a pas d'alcool fort, sinon ce serait un carnage », plaisante Gilles. Sur la table, on sert du crémant, du crémant-cassis, du champagne-cassis, voire du punch. De la bière aussi. En quantité généreuse.

Au *Taillebourg*, ou dans d'autres bars des 12ᵉ et 20ᵉ arrondissements, on y va dur sur la boisson, car on a toujours quelque chose à célébrer. « Ce sont les 15 personnes qu'on retrouve à la fermeture et qui finissent toujours à 4 heures du matin », décrit Jonathan. Lui-même a un passé d'alcoolique, mais se félicite d'avoir réussi à rester sobre pendant quelques mois. Le trentenaire, qui a un temps quitté La Famille, est allé se faire soigner en clinique pendant un mois. Sevrage, psychiatres, addictologues… L'homme a eu le droit au lot habituel de tout alcoolique qui désire se soigner. « Les gens à la clinique devenaient fous. Les autres patients avaient une visite dans le mois, moi c'était un défilé tous les jours. On se posait sur la table, on était 10, on sortait les gâteaux, les bouteilles…, mais pas d'alcool cette fois », se souvient-il avec affection.

Les membres de La Famille défendent pour la plupart cette propension à l'alcoolisme, se félicitant d'un « folklore » qui a « disparu en France depuis bien longtemps ». « Il n'y a pas plus d'alcooliques qu'ailleurs », se persuade Arnaud Boland. « Il y avait des réunions entre cousins, des tablées assez importantes. On parlait, on fêtait. À partir du moment où il y a des fêtes, il y a beaucoup d'alcool. C'est comme autrefois, les gens allaient au bistrot, enfilaient des Ricard, des petits blancs le matin », relate-t-il. Quand bien même La Famille serait le reflet d'une société tout entière, le phénomène n'en serait-il pas pour autant problématique ? Faut-il se complaire dans les maux de notre monde si les autres font de même, alors que La Famille, elle-même, cultive sa différence par rapport à cette « gentilité » dont elle ne cesse de s'écarter ?

Aux Cosseux, on boit un coup, on mange des sandwichs. On chante, beaucoup, que l'on soit homme, femme ou même adolescent. « Tout le monde était aviné. Financièrement, il n'y avait pas les moyens d'avoir du champagne. On buvait du vin, de la bière Valstar, ou du cidre en bouteille », se rappelle la quinquagénaire Fabienne.

Un autre témoin, sous couvert d'anonymat, se rappelle qu'autrefois, on pouvait, « sous le coup des vapeurs de l'alcool, retirer les enfants de l'école pendant un temps, ou définitivement ». (Car l'école, comme nous le verrons dans un prochain chapitre, n'a pas toujours été un acquis pour les enfants de la communauté.) « Vous pouvez sortir tous les jours si vous le souhaitez. Toutes les fêtes sont des prétextes pour boire, soupire Aurore, qui a quitté la communauté après avoir rencontré l'amour à l'extérieur. On commence par les bières et on finit par les vieilles bouteilles dans les placards, c'est assez impressionnant. »

Comme nous le raconte Jean-Marc, les femmes, elles aussi, ont pour habitude de boire. Différemment, car elles sont moins souvent conviées aux réunions dans les bars parisiens, mais « bien plus insidieusement, souvent en douce, cachées de leur mari parfois très intolérant ». L'auteur François Lorris, lui, décrit sa grand-mère. « Elle n'avait pas la "fibre". Elle ne buvait pas ! Les jours de fête, elle se retirait dans ses murs, loin des gloutonneries arrosées. Loin des vulgaires, chez qui il y avait beaucoup de bouteilles, toutes les marques… Comme au café ! » Car si on boit beaucoup au bar et aux Cosseux, on boit aussi énormément dans les appartements. Sylvie, habitante du 20e arrondissement, vit dans un immeuble occupé par plusieurs familles de la communauté. Très régulièrement, plusieurs fois par semaine, le voisin du 3e étage reçoit quelques bons copains, qui rigolent grassement dans les parties communes. Blagues vaseuses, bruits, chants… Les nuisances sont singulières, car elles dénotent avec les habituels troubles de voisinage parisiens, à base de musique à fond. « Mais sinon, ce sont de charmants voisins », assure cette mère de deux jeunes adolescents, qui précise que les nuisances se sont presque arrêtées avec la crise sanitaire.

À cause de ces excès d'alcool, La Famille serait victime de son folklore. Le folklore d'une boisson qu'on prend pour oublier. Bien souvent, les membres se retrouvent coincés dans un environnement où, si l'on est énormément soutenu par les cousins, on souffre d'un véritable manque d'ouverture vers l'extérieur. « C'est le plus vieil anxiolytique du monde. Pour beaucoup, c'est un antidépresseur. C'est le seul moyen pour eux de supporter cet enfermement et ce qui en découle. C'est très grave », argue la psychologue Lydie Lenglart. Bernard, la cinquantaine et qui a fui La Famille sur le tard, en a fait l'amère expérience. Après un bac pro obtenu avec difficulté lorsqu'il était jeune homme, il a commencé à sombrer. « Il y a 30 ans, on vivait dans une bulle. Pas d'Internet, presque pas de télé ou de radio. On n'avait aucun aperçu des merveilles de l'extérieur. C'était terrible, que ce soit au niveau des rencontres, ou pour mon développement. » Maël, toujours membre de La Famille, reconnaît que la situation s'est améliorée, mais n'en reste pas moins frustrante : « Maintenant, nous on a Internet, et on voit la vie des gens se dérouler sous nos yeux, sans trop pouvoir y participer », expose-t-il. Pour Bernard, la solution la plus accessible était la boisson. La drogue l'a tenté un temps, mais il a décidé de ne pas « trop y toucher », les fournisseurs étant « difficiles à trouver quand on n'a pas les bons codes sociaux ». « L'idéal, c'était de me retrouver à me saouler le plus possible avec les copains, les cousins, tous les week-ends, pendant tout le week-end. C'était la voie de la facilité », admet-il. Maël, beaucoup plus jeune que Bernard, a plus ou moins vécu la même expérience, l'alcool étant devenu pour lui une « routine fun », mais aussi un « engrenage pas sain ». Ces deux hommes, après une prise de conscience, ont largement ralenti leur consommation. Ayant vécu leur désarroi à des époques différentes, ni l'un ni l'autre n'a toutefois été suivi par un spécialiste.

Historiquement, l'alcool pouvait avoir une utilité tout autre dans La Famille. C'était un véritable outil pour permettre aux adeptes d'effectuer des transes, d'avoir des visions, à l'image de leurs ancêtres convulsionnaires. Oncle Auguste avait plus ou moins montré la voie, lui qui observait ces transes dans les différents bars du faubourg Saint-Antoine et affirmait que l'apocalypse était on ne peut plus proche. Comme leurs aînés, les membres de La Famille profitent aujourd'hui des vapeurs d'alcool pour parler religion, refaire le monde, le parcours de leurs ancêtres convulsionnaires, citer l'oncle Auguste, les anciens, et évoquer la fin du monde. « Les fins de soirées aux Cosseux, c'était quelque chose », s'enthousiasme Jean-Marc. Mais la tradition tend à se perdre. Seuls les derniers patriarches, issus du fameux « noyau dur », ont pour habitude d'autant disserter sur un passé qu'ils jugent glorieux. Les jeunes, eux, n'ont pas toujours connaissance de leurs aïeux. Ou bien, veulent simplement conserver le secret et le mysticisme qui entourent leurs ancêtres. Un des membres aurait, il y a quelques années, essayé de se muer en prophète, un soir trop arrosé : non seulement, il n'a pas été écouté, mais il a été largement moqué. Ce jour-là, l'homme était fortement alcoolisé. Mais après tout, il n'était pas le seul. Selon plusieurs témoins, l'alcoolisme concerne une cinquantaine, voire une centaine de personnes sur les 3 000 de la communauté, même si ces données restent très difficilement chiffrables. Avec humour cette fois, François Lorris ergote : « Les parents boivent, les enfants suivent. Bientôt ils fonceront. La génération montante descend – loi du Bocal – toujours plus bas : encore quelques années, et le sirop de grenadine se transformera en pastis ou picon-bière, les têtards auront pris le style, adopté les révérencieuses précautions, assimilé les 106 façons de parler du ciel sans le nommer. »

Les conséquences de ces abus vont au-delà de simples problèmes d'alcoolisme. En fin de soirée, au bar, il arrive parfois que des cousins se battent, témoigne Jonathan. Mais, s'empresse-t-il d'ajouter, « cela aussi, ça arrive partout ». Aux Cosseux, les débordements peuvent aussi arriver, après une discussion trop houleuse sur le passé de la communauté, ses ancêtres, leur vision du monde. L'alcool peut aussi être responsable de débordements qui font froid dans le dos. Jonathan raconte l'histoire d'une « très bonne copine » de sa mère qui s'est retrouvée à l'hôpital « avec le visage défiguré », après une altercation avec pas moins de quatre hommes. « Elle n'a pas voulu porter plainte car elle s'est dit qu'elle avait fait un peu la "conne" », juge le trentenaire, sur un ton cru. En gros, plusieurs cousins avaient bien bu, trop bu. Et à la fin de cette soirée bien arrosée, cette femme aurait « chauffé à mort » un de ses cousins. C'est que les vapeurs de liqueur font rapidement oublier les préceptes et la rigueur religieuse. « Au dernier moment elle a dit : "On arrête tout". L'autre a pété un câble et l'a démontée », poursuit Jonathan. En somme, cette femme l'aurait bien cherché... La faute à quoi ? À l'alcool, en partie, mais aussi à la « frustration », selon notre témoin. « Quand on a 19, 20, 22 ans et qu'on n'a jamais touché quelqu'un, qu'on n'est pas fiancé, pas marié, ce n'est pas facile de résister », assène-t-il.

La préoccupante condition de la femme

C'est un doux pléonasme de dire que la femme est loin d'être l'égale de l'homme au sein de La Famille. Si, aujourd'hui, des progrès sont observés à tous les niveaux, ces coutumes ancestrales nécessitent un vrai coup de projecteur. D'autant que certaines sont toujours d'actualité. Dans cette société profondément machiste depuis ses racines, la femme n'avait autrefois qu'un rôle principal : enfanter. Il s'agissait donc de trouver un mari le plus tôt possible. Par chance, il y avait maints cousins à disposition. Au début du XXe siècle, les mariages étaient parfois arrangés. Une fois mariée, il fallait au plus vite faire les premiers enfants. Et s'en occuper. La tâche devait être déjà très coûteuse en énergie, au vu du nombre de naissances et de cerveaux à prendre en charge au quotidien. « Un enfer », note avec humour Patricia, une femme de 65 ans, partie de La Famille il y a deux décennies. Clotilde, la cinquantaine, l'affirme : « À l'époque de ma grand-mère, c'était "cocue, battue et tais-toi". » Les maris, souvent avinés, revenaient à la maison et n'hésitaient pas à frapper leur femme, ou leurs enfants. Comme le raconte François Lorris : « La fête est finie. […]

Alors, le cousin entre en grognant puis grogne encore un peu, taloche les enfants devenus subitement insupportables et, sans se déshabiller, s'affale sur son grabat. La famille est tranquille. Au réveil, le cousin aura soif, distribuera encore quelques gifles et se plaindra de l'état de son taudis. » Véritable « servante » de l'homme, les femmes ne pouvaient pas s'épanouir. « Les mères sont souvent maltraitées, mais toutes les familles ne sont pas identiques », note Edwige. Si, de nos jours, les violences conjugales semblent plus rares, les femmes continuent à enfanter, presque autant qu'avant.

Il n'était donc pas question de faire des études. « Je me suis battue pour aller jusqu'au bac. Je suis la plus instruite de ma famille », se félicite Edwige. En charge des enfants à plein-temps, les femmes n'avaient pas le droit de travailler. « C'est à l'homme de ramener de l'argent pour faire vivre sa famille », rappelle Clotilde. La seule activité autorisée pouvait être une profession de type couture, retouches, et cet assouplissement n'est arrivé que sur le tard. Aujourd'hui, cette tradition est en train de disparaître. « Il y a des femmes qui font de très belles carrières professionnelles », affirme Marlène. « Mais ce sont souvent les célibataires qui n'ont trouvé personne à 40 ans », ajoute-t-elle. Se sentant limitée, Marlène a longtemps été mal vue par ses cousins pour avoir choisi de faire des études longues. Ce qui a provoqué son départ. Comme de nombreuses autres femmes, dont la future activité professionnelle ne correspondait pas à ce qui est considéré comme « bon » au sein du groupe. « C'est comme s'il y avait d'immenses murs invisibles autour de nous », décrit cette professeure au Sri Lanka. Lola, épanouie dans La Famille, tient à démentir toutes ces accusations : « Ici, les femmes font ce qu'elles veulent. »

Dans cette communauté fermée, les femmes ont été invisibilisées pendant des décennies. Encore actuellement, des relents de ces coutumes conservatrices perdurent. Au sein même du cocon de La Famille, les femmes peuvent être ostracisées. Car ce sont les hommes qui prennent les décisions. Lors de la traditionnelle Soupe, où l'on célèbre les naissances, elles n'ont pas le droit de participer. Aux Ablettes, ces parties de pêche entre cousins, non plus. « Cela allait avec la France de l'époque. Cela ne fait pas très longtemps que les femmes ont le droit de vote et qu'elles ont un chéquier. Sauf que nous, on a toujours 50 ans de retard avec l'extérieur », admet Jonathan. Les femmes n'ont pas non plus l'autorisation d'assister aux enterrements, qui ont lieu dans une fosse commune d'Île-de-France. « C'est dur de ne pas pouvoir faire un véritable adieu en bonne et due forme aux personnes qu'on aime », déplore Magalie, qui a vécu plusieurs expériences traumatisantes dans La Famille, après être partie et revenue plusieurs fois. « Mais on peut assister aux veillées funèbres », relativise Edwige. Plus généralement, la microsociété qu'est La Famille est un milieu machiste et patriarcal. « On m'appelait la fille d'Henri Havet », déplore Fabienne.

Les écrits de l'oncle Auguste établissent des règles archaïques. Ils proscrivent le port du pantalon pour les femmes, afin de ne pas être confondues avec les hommes. Cette étrange tradition ne perdure aujourd'hui que dans de rares familles du noyau dur, même si plusieurs de nos témoins confirment connaître des femmes qui ne « mettent que des jupes et ne se maquillent jamais ». Lors de fêtes religieuses aux Cosseux, on continue d'imposer le port de la jupe ou de la robe. Une tradition qui ne s'est pas perdue.

À l'époque du patriarche-prophète, les femmes devaient aussi garder leurs cheveux longs, et lâchés. Un symbole d'asservissement qui, lui aussi, appartient au passé. La danse, quant à elle, était parfaitement interdite, considérée comme faisant partie des « vices du monde », au même titre que la drogue et le sexe. L'un des cantiques historiques de La Famille, écrit au temps de Papa Yette et Papa Jean, est baptisé « Contre la danse » : « Que le diable a l'adresse pour corrompre nos mœurs! Que de pièges nous dresse ce tyran de nos cœurs! Au sein de l'innocence, il nous poursuit. Dès la plus tendre enfance, il nous séduit. De tous ses artifices, l'un des plus dangereux, d'où naissent plus de vices, qui rend plus malheureux, c'est celui de la danse. Qui fait du mal! Il perd la conscience cet art fatal. Que penser d'une fille qui n'aime qu'à danser, une beauté qui brille est dans un grand danger. Quel funeste présage pour l'avenir, aimer cet esclavage, c'est s'avilir. Craignez, dit l'Écriture, jusqu'à l'ombre du mal, rendre votre âme pure c'est votre capital, cet avis salutaire, que devient-il? Lorsqu'on paraît se plaire dans le péril. Peut-on dire qu'on danse pour servir le Seigneur, quel est celui qui pense par là lui faire honneur? Hélas, loin de lui plaire, de tels abus excitent sa colère, et ses rebuts. Dieu ne nous donne une âme que pour l'aimer toujours : mais la danse l'enflamme de profanes amours. »

Le rapport dominant-dominé entre hommes et femmes n'a pas disparu dans tous les foyers de La Famille. Comme cette sage-femme du 20e, qui aurait vu un mari frapper sa femme après un accouchement qui a mal tourné. Les pères ont tendance à dicter leur loi, et personne ne peut vraiment les contester. Eux sont les « relais » du Bon Papa. Julie se souvient, lorsque son père frappait sa mère, tentait de la soumettre, entre violences conjugales et viols réguliers. « J'ai le souvenir de ma mère qui crie, qui nous disait que ça va, une violence extrême à l'intérieur du foyer », relate-t-elle avec émotion. « On nous dit qu'on est rebelles, qu'on n'est pas normales de ne pas avoir envie. Ma mère a subi des pressions de ce type, de la part de toute la famille, qui était du noyau dur. Un de mes frères lui disait qu'il fallait se comporter de telle ou telle façon. On a menacé de lui retirer ses enfants. On lui a dit qu'une femme ne peut, au grand jamais, se refuser à son mari », poursuit-elle. Fort heureusement, les croyances ne sont pas toutes les mêmes dans chaque foyer, et la majorité vit normalement. « C'est la pluralité des vécus qui fait la richesse de notre groupe », vante Chloé. « Mais une chose est sûre : si un mari lève la main sur sa femme devant tout le monde, aux Cosseux par exemple, cela ne passe pas. Alors que, il y a 50 ans, personne n'aurait rien dit », affirme-t-elle.

Dans ces foyers moins ouverts sur le monde, des histoires terribles peuvent survenir. Comme des viols, ou des agressions sexuelles. « Dans ce huis clos, on peut indéniablement parler de climat toxique culpabilisant, à tendance incestuelle, glisse une psychologue. Plus que l'acte en lui-même, c'est un environnement dans lequel on ne sait pas vraiment où est sa place. » Et ce, dès l'enfance. Évidemment, il s'agit pour l'extrême majorité de petites filles, adolescentes ou jeunes filles qui ont été victimes de ces crimes. (Mais des histoires de viols conjugaux nous ont été rapportées également.) Le moins grave, d'après Magalie, ce sont les « attouchements ». « Il y en a eu beaucoup, à commencer par les mains aux fesses », affirme-t-elle. « Dès que l'on commence à avoir quelques formes, les patriarches de La Famille s'en donnent à cœur joie », avance-t-elle avec dégoût. La sœur de Jonathan en a été la victime directe, lors d'une sortie en vacances avec les cousins. Elle avait 17 ans. « Ils dormaient sur la plage, tous collés. Elle se réveille, le mec avait une érection avec les mains sur elle, décrit-il. Elle s'est mise à l'insulter, le traitant de gros porc, d'enfoiré, lui demandant ce qu'il foutait. » Après coup, le trentenaire analyse l'affaire d'une manière très étonnante. Pour lui, se coller à un « puceau » à cet âge, « voilà ». « T'as jamais rien fait à 25 ans, si t'arrives pas à t'arrêter, bon », assène-t-il, sûr de lui, comme pour justifier de tels actes.

Marie, elle, a quitté La Famille en 2004, alors qu'elle avait 28 ans. Lorsqu'elle avait 9 ans, cette mère de famille dit avoir été touchée par son père. Sans pénétration. « J'en ai parlé à ma mère, je lui ai dit que j'avais un bouton. Je m'en souviens, j'étais dans mon bain quand je lui ai tout déballé ce jour-là », se rappelle-t-elle avec émotion. Immédiatement, sa mère l'a emmenée chez le docteur. Elle avait l'hymen déchiré. Mais, à Paris, les cousins de La Famille ne l'ont jamais crue. Son père ? L'explication a eu lieu une fois que Marie a grandi. « Il a nié, dit que je rêvais, qu'il avait trop bu », relate-t-elle. Si l'attouchement ne s'est passé qu'une fois, il a suffi pour traumatiser Marie pendant de nombreuses années.

Clotilde, qui a quitté La Famille il y a plus de 30 ans, dit avoir été violée par son frère pendant des années. De ses 5 ou 6 ans jusqu'à ses 10 ans. « Quand j'ai été majeure, j'ai voulu en parler à ma mère. Elle ne m'a pas crue », regrette-t-elle. C'est l'une des raisons pour lesquelles la jeune femme d'alors a décidé de claquer la porte de la communauté. « Je n'ai de toute façon jamais été heureuse là-bas », tranche-t-elle. Quitte à se retrouver seule, dans le monde, livrée à elle-même. « Il n'y a pas de culture du viol. Mais les hommes savent qu'ils ne seront jamais dénoncés. Ceux qui ont l'esprit tordu ne risquent pas grand-chose », précise-t-elle.

S'ils sont difficiles à chiffrer, ces drames sont bel et bien arrivés, et sont recoupés par plusieurs de nos témoins. Du côté de la Miviludes, la Mission interministérielle de vigilance et de lutte contre les dérives sectaires, on mentionne le cas d'une adolescente, placée dans une famille d'accueil à la suite d'abus sexuels dont elle a été victime au sein de la communauté. Ce qui, d'après l'organisme étatique, « montre une démarche de reconstruction éloignée d'une démarche de dénonciation d'un fonctionnement toxique ». Pêle-mêle, un témoin fait état d'une fille « violée par son père ». Quand un autre constate, avec une froideur inquiétante : « C'est connu, dans La Famille, un oncle peut violer sa nièce impunément, sans qu'il n'y ait aucune sanction. Tout continue comme avant, l'oncle retourne chez sa nièce fêter Noël ou des anniversaires, on laisse faire, on ne dit rien. »

L'histoire de Magalie est peut-être la plus effrayante que nous ayons entendue. Elle a 6 ans lorsque sa mère quitte La Famille. À ce moment-là, son parrain et sa marraine, membres du noyau dur, décident de la garder contre son gré. « On m'a répété que ma mère ne viendrait pas me chercher », raconte-t-elle. Un jour, sa mère parvient tout de même à lui rendre visite, après trois mois de *black-out* total. « Elle m'avait apporté une Barbie, que j'avais gardée précieusement contre moi. Quand elle est partie, je n'ai pas eu le droit de pleurer. » Ce jour-là, l'enfant a été mise dans une chambre dans le noir. Punie. « Sous couvert de me consoler, mon cousin m'a demandé de lui faire des choses bizarres, du sexe oral. Il avait 17 ans, moi 6 », souffle-t-elle. L'adolescent lui dit que « cela se fait », que « ce serait [leur] secret ». Évidemment, à l'époque, l'enfant qu'elle est ne dit rien. À 12 ans, sa langue se délie subitement lorsqu'elle devient, elle aussi, adolescente. « Avant, je me disais que j'avais dû faire un cauchemar, mais là, la parole s'était libérée. J'avais fait des rapprochements. J'avais compris », souligne-t-elle. Faute de preuve, Magalie n'a pas pu porter plainte. Ce dont elle est sûre en revanche, c'est que cet adolescent est aujourd'hui resté dans La Famille. Il a une femme, des enfants. « Et on le suspecte de violences conjugales », avance-t-elle.

Un témoignage qui ressemble à celui de Julie, qui dit également avoir été « gardée » par son parrain et sa marraine alors qu'elle avait une dizaine d'années. Là-bas, elle affirme avoir été agressée sexuellement à plusieurs reprises. « Plusieurs fois, mon parrain est venu, et m'a touché les seins ou entre les jambes », dit-elle. Tétanisée, elle n'a jamais pu en parler à qui que ce soit qui l'eût crue. « J'ai enfoui cela en moi, jusqu'à il y a quelques années. Mais c'était trop tard, les faits étaient prescrits, et je n'avais surtout aucune preuve », déplore-t-elle. Magalie, elle, dit avoir vécu d'autres moments difficiles, comme lorsqu'elle a surpris un de ses cousins, père de famille, en train de toucher une de ses filles. « Il m'a mis une claque, m'a dit de ne le dire à personne, retrace-t-elle. Ma mère et ma sœur se sont mises à pleurer quand je le leur ai raconté. Elles savaient que cet homme-là était comme cela avec ses enfants. Ce sont de vraies déviances. Tout le monde le sait, tout le monde est au courant, mais on protège, on se tait, car c'est comme cela dans La Famille. »

S'il fait peur, ce tableau ne représente pas une majorité des faits, ni un processus institutionnalisé dans les foyers de La Famille. Ce que soulignent les membres, questionnés par nos soins. « Les viols ne sont pas récurrents. La Famille, c'est une microsociété dans laquelle il se passe tout ce qu'il se passe dans la société. Ce n'est pas la mode de violer. Le problème, c'est qu'il n'y a pas de réparations de la justice », regrette Clotilde.

« Tout ça, c'est la faute d'une communauté fermée au monde. Si la communauté était extrême en termes religieux, mais qu'elle n'était pas totalement isolée, les gens iraient porter plainte. Or, ce n'est pas le cas », évalue Patricia. Quelques membres ou anciens membres, eux, nient ces faits-là, ou estiment tout du moins – comme tous les problèmes liés à leur communauté – que cela « peut arriver ». « J'ai des doutes. Ce n'est pas spécifique à La Famille, cela existe partout. Oui, il y a eu des cas. Mais il y a peu de recours possibles par la justice. On ne les voit pas aller déclarer au commissariat », bafouille Arnaud Boland, dont la mère, décédée il y a peu, faisait partie de la communauté, au contraire de son père. Forcément, avec une énorme pression familiale, avec des patriarches qui, potentiellement, ne vous croiront pas, difficile de faire la démarche d'aller porter plainte. « Je pense qu'il n'y a pas plus de viols ou d'agressions sexuelles qu'ailleurs. Dans les familles normales, il y a aussi des abus sexuels. En revanche, je reconnais qu'on a plus tendance à porter plainte ailleurs », juge-t-il.

Gilles, lui, « condamne fermement » ces violences, considérant que la « frustration » de jeunes hommes, contraints à la chasteté jusqu'au mariage, en est la cause, au moins autant que les dérives liées à l'alcool. « Abuser d'un mec ou d'une nana qui a picolé, cela se fait depuis la nuit des temps et cela se fera encore dans 50 ans », abonde Jonathan. Quant aux plaintes qui ne sont jamais déposées, Gilles pense que c'est « leur droit de ne pas le faire » et que « personne ne les a empêchés ». Une réflexion que ne partage pas Patricia, ainsi que d'autres témoins. « Au contraire, la pression familiale est la source de la plupart des problèmes de La Famille. Lorsque vos cousins, même de votre âge, ne vous croient pas, ou vous réprimandent, sous prétexte que le groupe l'emporte sur l'individu, vous n'êtes pas incité à exprimer vos maux, aussi graves soient-ils. » Ainsi, la communauté religieuse semble être victime d'une omerta généralisée, ce qui est très fréquent dans des groupes où l'emprise mentale sur ses membres peut s'avérer forte. « On peut aisément supposer que les écarts de conduite se régulent au sein de la communauté, comme c'est le cas dans les mouvements fermés », analyse la Miviludes. Au grand dam des victimes, peu nombreuses, mais on ne peut plus visibles.

Une gestion unique de la fin de vie

Lorsqu'on est membre de La Famille, on le reste jusqu'à son dernier souffle. C'est l'une des valeurs importantes qui régit le fonctionnement de la communauté francilienne. Lorsque les membres de ce groupe veulent critiquer « le monde », les « étrangers », ou encore « l'extérieur », ils disent en premier lieu que ceux-ci ne sont « même pas capables de s'occuper de leurs aïeux ». « Nous ne mettons pas nos anciens et nos malades en EHPAD, nous nous en occupons nous-mêmes avec l'aide d'infirmiers à domicile. Nous pensons qu'il est de notre devoir de nous occuper d'eux et de compenser le système de retraite défaillant », défend Jonathan. « On ne laisse personne dehors, on aide nos aïeux », justifie Lola. La raison de cette décision ? Le manque de confiance envers le système de santé, la haine des médecins et des hôpitaux. Comme l'explique l'auteur François Lorris, « le prophète Auguste l'a dit, tout est de Dieu, il ne faut jamais intervenir dans le cours des choses ». Racontant l'histoire d'une « cousine » de La Famille, blessée chez un rémouleur, il relate : « Ensuite ce fut les points de suture, malgré la haine de l'hôpital. » Pour les plus rigoristes, les établissements de soin vont à l'encontre des décisions de Dieu. Ainsi, si l'on est malade, c'est que Bon Papa l'a voulu, l'a décidé. Il ne faudrait donc pas aller contre : les fidèles d'Élie Bonjour sont nés pour subir. Selon un témoin, autrefois, on ne faisait appel aux médecins qu'en cas d'extrême urgence, et il n'était pas question de se faire vacciner. Mais comme pour tous les us et coutumes de la communauté, cette idée-là est de moins en moins répandue dans La Famille, même si elle persiste çà et là dans certains foyers, ceux du noyau dur.

Le fait de garder les anciens à la maison a des conséquences. Leur prise en charge, à un certain niveau de vieillesse, n'est pas forcément optimale par rapport à celle d'un hôpital, d'un EHPAD, d'une maison de retraite, voire d'une résidence avec services. Et ce, même si la qualité de prise en charge dans ces établissements médico-sociaux est régulièrement critiquée. « Des anciens, très malades, ont été gardés à la maison pendant des dizaines d'années, annonce Fabienne. On organisait des tours de veille le jour et la nuit. On avait même des cas de maladie d'Alzheimer à domicile. » Elle affirme que La Famille a même « laissé mourir » sa mère. Le drame a eu lieu en 2004. Fabienne avait quitté la communauté, mais restait régulièrement en contact par téléphone avec elle. Aux Cosseux, c'était la fête, un jour de Pentecôte. « Elle avait très mal à la tête, elle a vomi, on l'a allongée dans une petite pièce. Ma tante est venue la voir, elle était en train de convulser. Ils n'ont pas appelé le docteur », regrette Fabienne. Vers 18 heures, la vieille dame a finalement été ramenée chez elle. « Ma fille, qui habitait chez elle, m'a appelé pour me dire qu'ils étaient en train de la laisser mourir. Ils ont finalement appelé le Samu. Elle avait une simple méningite, qui se soigne normalement à coups d'antibiotiques. Mais c'était trop tard, son cerveau était atteint », poursuit-elle. « La fin de vie de ma grand-mère, c'est une non-assistance à personne en danger. Leur folie mystique l'a tuée », accuse la fille de Fabienne, catégorique.

Quand un proche meurt, « toute la famille est au courant en deux heures », affirme Fabienne. Elle se souvient que les femmes de La Famille, dès qu'elles apprenaient une nouvelle d'importance (naissance, fiançailles ou décès), couraient pour la raconter aux voisins-cousins, souvent à l'étage du dessus ou dans l'immeuble d'à côté. Après un décès, La Famille procède à une veillée, à la maison, sur le lieu de mort de l'aîné, pendant trois jours, nuit et jour. On laisse la porte de l'appartement ouverte car les personnes se succèdent pour dire adieu au défunt. Et puisqu'on ne met pas de produit pour conserver le corps, cela provoque forcément une odeur pestilentielle, sentie jusqu'à certains voisins des immeubles des 11e, 12e et 20e arrondissements de Paris. « Le lendemain, en été, cela sent jusqu'en bas de l'escalier », raconte Fabienne.

Les enfants, même très jeunes, doivent assister à ces cérémonies. Ainsi, tous nos témoins se souviennent de leur « premier mort ». « J'avais seulement 8 ans. C'était une cousine de ma mère, je la connaissais à peine. Je ne voulais pas y aller, mais ma mère m'a dit : "Tu me suis" », raconte Marlène. « C'était une petite fille de mon âge, elle avait une dizaine d'années. Cela m'a fait un choc », se rappelle Edwige. Tour à tour, les proches viennent dire au revoir à la personne décédée. Celle-ci a été lavée en amont, habillée de manière simple : une chemise pour les hommes, une robe pour les femmes. Une fois arrivés dans la pièce, tous les membres de La Famille embrassent leurs cousins. Chacun reste 15 à 30 minutes, prie, puis attend. « On embrasse le mort sur le front, c'est vraiment très étrange », relate Marlène. Dans ces cérémonies, les femmes se voilent, tout le monde se pare de noir. « Ma mère m'avait dit de penser à cette cousine qui venait de mourir, même si je ne l'avais quasiment jamais vue », poursuit-elle. Après un premier baiser sur le mort, on en fait un nouveau, puis on embrasse tous les membres de La Famille présents, avant de s'en aller. « Sur le moment, cela ne m'a pas choqué, mais ce n'est pas normal. Quelle idée de forcer des enfants aussi jeunes à faire cela », se révolte Fabienne. Marie, elle, s'est retrouvée à devoir embrasser la dépouille de son père décédé. Le même qui l'avait agressée sexuellement, quelques années auparavant. « Je n'étais pas préparée. Me confronter à lui alors que je ne savais pas si j'avais fait du mal, si tout était de ma faute, c'était terrible. À ce moment-là, ma mère m'a dit que devant la mort, on oublie tout. Je ne suis pas d'accord avec elle », objecte-t-elle.

Cette veillée du défunt qui dure trois jours et trois nuits fait partie de l'ancestrale tradition catholique. On considérait que ce procédé permettrait d'accompagner l'âme du défunt jusqu'à Dieu. Progressivement abandonnée en France, hormis dans quelques coins de campagne reculés, cette pratique reste très courante dans d'autres pays ou continents. « Je ne vois pas le problème, s'arc-boute Gilles. On a nos coutumes, on n'embête personne, et en plus cela existe à l'étranger. » Ce qui est vrai : cette pratique reste très présente dans des pays chrétiens d'Amérique du Sud ou d'Afrique, où les croyances continuent d'égrener la vie quotidienne.

Après trois jours de veillée funèbre, on procède à la mise en bière, puis à l'enterrement du défunt. La Famille fait, depuis des décennies, appel à la même société de pompes funèbres pour prendre en charge ses morts. Une prise en charge loin d'être classique. Car les corps des défunts de la communauté ne terminent pas leur route dans un cimetière parisien, mais à Thiais, dans la fosse commune du cimetière de cette ville du Val-de-Marne. Seuls les hommes ont droit d'avoir accès à cette cérémonie finale. « Pendant ce temps, les femmes restent à la maison pour prier », relève Edwige. D'après Fabienne, les hommes de La Famille n'hésitaient pas, à son époque, à soudoyer les croque-morts en leur donnant un « petit billet » afin qu'ils « attendent dehors ». « Ce sont nos hommes qui ferment le cercueil », prétend-elle. Quant à la cérémonie en elle-même, elle se rapproche de celle de l'Église catholique, mais c'est l'homme, prêtre de sa famille, qui effectue les bénédictions. « Et après, ils vont boire un coup au bistrot. Les riverains les ont remarqués », assène Fabienne.

Qu'y a-t-il après la mort ? « Le jugement, le purgatoire, l'enfer ou le paradis », répond Cyril, d'un air assuré. Selon lui, pour être condamné à l'enfer éternel, il y a des « péchés mortels ». Le plus grave est le suicide. Ce qui, d'après lui, n'est jamais arrivé dans La Famille, malgré quelques tentatives.

Une jeunesse sacrifiée ?

Dans cette communauté aux contours aussi curieux qu'inédits, les enfants naissent dans une autarcie qui pose question. « Le Bocal », comme l'appelle si affectueusement François Lorris dans son roman sur La Famille. Les enfants sont-ils suffisamment éveillés au monde extérieur ? Sont-ils surprotégés ? Leurs possibilités ne sont-elles pas bridées ? Dans une note rédigée en 2018, la Miviludes appelle à la « vigilance sur la situation des mineurs élevés dans ce contexte ». C'est le point d'inquiétude principal de la Mission interministérielle au sujet de cette communauté. Car, contrairement aux abus sexuels et aux violences, cette mise à l'écart concerne tous les enfants, le sceau du secret et du repli étant un totem du groupe. « L'enfance est l'âge des possibles, où se constitue la personnalité, où se conquiert progressivement l'autonomie, qui va aboutir à l'âge adulte, rappelle la psychologue Lydie Lenglart. Dans ce cadre-là, ils vont naître avec des parents adeptes, complètement immergés dans des pratiques et croyances. Ils vont adhérer de manière naturelle par imitation, puis par conviction. »

Les psychologues s'inquiètent effectivement du fait de grandir dans cette communauté sans ouverture vers l'extérieur. « Le premier endroit de socialisation pour ces enfants, c'est le cercle familial, dès qu'ils sont un peu éveillés et séparés de leur maman », note Évelyne Kotto, psychologue. Et, la spécialiste en est persuadée, « pour devenir, l'enfant doit s'ouvrir au monde ». Or, dans La Famille, comme dans d'autres communautés fermées (Mormons, Témoins de Jéhovah), « on refuse de voir le monde tel qu'il est vraiment, en peignant l'autre comme dangereux », souligne-t-elle. Problème majeur : l'enfant, de base, est un exemple de fidélité. Que ce soit dans La Famille ou ailleurs. « Même si les parents ont fait des choses abominables, ce sont avant tout leurs parents. Les enfants battus, abîmés par la vie, ont de l'amour pour leurs parents, même plusieurs années après », fait-elle valoir. Or, dans La Famille, les enfants grandissent le plus souvent dans un bocal « sans histoires », même si les dérives existent. Mais même si les foyers sont stables, l'environnement d'isolement constitue un danger. « C'est un environnement de grande souffrance, de culpabilisation. Ils subissent des violences morales et psychologiques au quotidien. Ce qui risque de causer de grands dysfonctionnements chez les adultes », abonde Lydie Lenglart.

À ce titre, l'école constitue la première porte vers l'extérieur pour les enfants de La Famille. Elle était autrefois honnie par l'oncle Auguste. « Il est responsable du fait que mes parents ne soient pas allés à l'école », s'indigne Fabienne. « Mes deux grands-mères n'y sont quasiment pas allées. Ma marraine, dans la génération suivante, *idem*. Je me souviens, lorsque j'étais enfant, avoir vu chez mes grands-parents un garçon de mon âge, gentil au demeurant, qui n'allait pas à l'école, et que la question flottante était l'obligation scolaire et le spectre d'être placé en famille d'accueil. Je n'y comprenais pas grand-chose, mais je regardais ce garçon comme un pauvre enfant laissé à lui-même. Hors du "circuit" social », commente une ancienne membre sur la page Facebook dédiée à la communauté. Au fil des années, l'école a été progressivement acceptée, même si de rares familles font encore les cours à la maison, par correspondance. « En primaire, une fille était arrivée dans la classe de CM2, c'était la première fois qu'elle allait à l'école, se rappelle Philippe, qui a été à l'école avec des enfants de La Famille. Mais si j'ai bon souvenir, c'était une très bonne élève. »

Faute de moyens, les jeunes vont dans des établissements publics, mais « il y a fort à parier qu'ils seraient bien plus à l'aise dans des écoles privées hors contrat », s'avance Julie. Car si l'école est rentrée dans les mœurs, au sein de certaines familles du noyau dur, celle-ci fait encore peur. On pourrait y apprendre l'existence de La Famille. Alors, on demande aux enfants de se taire, et surtout, de rester entre eux. La communauté étant regroupée majoritairement dans trois arrondissements de Paris, les Fert, Thibout ou Sandoz investissent les mêmes écoles, collèges et lycées. Laissant un souvenir impérissable aux autres enfants. « Que tu aies 15, 25, 35, 45 ans, si t'es vraiment du 20ᵉ (arrondissement, n.d.a.), t'as eu l'un d'eux dans ta classe », plaisante Noëlle sur un réseau social. Sarah, qui a été à l'école avec plusieurs personnes de La Famille il y a une quinzaine d'années, s'en souvient comme si c'était hier. « Ils étaient discrets dans leurs rapports avec les autres, mais nous étions quand même des camarades de classe. Ils se mélangeaient bien avec nous, nous faisions les trajets ensemble », tempère-t-elle. Avant d'ajouter : « En revanche, c'est vrai qu'ils n'avaient pas le droit de participer aux classes nature, aux séjours (ski, séjour linguistique…). Mais pas tous, seulement certaines familles. […] On savait que c'était peine perdue de les inviter pour l'après-midi, le mercredi par exemple, donc ils n'étaient jamais invités aux pizzas-party ou aux devoirs. » Même type de témoignage du côté de Philippe. « Ils restaient entre eux dans la cour, mangeaient aux mêmes tables. Il y en avait une dizaine sur les 400 élèves » du collège Pilâtre de Rozier, dans le 11e, en limite du 20e. « Ils ne vont jamais aux sorties scolaires, prétextant des raisons personnelles », précise-t-il.

Nos témoins se souviennent de cousins « très soudés » entre eux. « J'ai souvenir de deux cousins qui étaient amoureux mais, à 8-10 ans, on pensait tous que c'était pour frimer parce qu'ils étaient cousins dans la même classe », poursuit Sarah. « Il y avait déjà la rumeur qu'ils ne sortaient qu'entre cousins, mais on n'avait jamais vraiment fait attention », avoue-t-elle. Si elle savait qu'il s'agissait de familles très nombreuses, la jeune femme ne connaissait pas l'histoire de cette communauté. « Cela fait des années que c'est sujet à moqueries parce qu'on se rend compte que chaque génération a connu un Fert, un Maître, un Sandoz », recorde-t-elle. Philippe se remémore : « En cours d'anglais, une Thibout devait se présenter brièvement, plus ses frères et sœurs, leur âge, etc. Elle devait en avoir au moins 10, la classe était un peu pantoise. Un autre prof, le premier jour à la rentrée quand il fait l'appel, s'exclame : "Ah, une Thibout, si tu savais combien j'en ai vu passer des Thibout!" »

Le secret a donc été habilement préservé, jusqu'à la médiatisation du groupe. Et pour cause. Dès l'école, les contacts doivent se limiter à ce qui est obligatoire. Il y a une trentaine d'années, Aurélie, aujourd'hui la quarantaine, a été à l'école dans le 20e arrondissement, avec une fille de la famille Sanglier. « Nous habitions l'une près de l'autre, mais elle ne sortait jamais voir des amies. Elle avait des parents âgés et elle ne côtoyait que ses cousins, révèle-t-elle. Ses parents étaient très stricts. Une mentalité différente. Elle était très secrète. » Elle décrit une jeune fille très grande et fine, avec une tresse sur le côté et une houppette, au « style totalement désuet » et habits d'une « autre génération ». Sur une photo de classe, on aperçoit l'adolescente avec un pull tricoté main. En résumé, notre témoin nous fait état d'une enfant « très pratiquante et marginale », mais pour autant « très gentille ».

Interrogé par le journal *Le Figaro*, l'un des professeurs d'un collège du 20e arrondissement confirmait que bon nombre d'adolescents de l'établissement portaient ces patronymes. « Ce sont des adolescents différents. Mais nous n'avons pas besoin de les traiter différemment des autres communautés religieuses », confiait-il. Un autre fonctionnaire, joint par nos soins, défend des élèves « modèles ». « Leur mode de vie ne nous regarde pas, et ils sont parmi les moins turbulents de mes classes », défend-il.

En autarcie, les enfants ? La Miviludes l'a pointé dans sa note de 2017. À l'école, « c'était un peu l'Inquisition », déclare Patricia. Selon cette mère de trois enfants, il lui arrivait d'être « traquée » par ses cousins et cousines plus grands, afin d'éviter de parler à d'autres élèves. Si jamais elle s'aventurait à discuter avec des personnes hors du « Bocal », elle serait réprimandée. « Il y avait un côté espionnage. Nos cousines nous rappelaient sans cesse qu'il ne fallait rien dire. C'était des papotages entre filles, mais c'était parfaitement intégré par les enfants que nous étions », se souvient Marlène.

La Miviludes a saisi le problème : « Le groupe exerce une pression importante et culpabilisante sur les enfants. Ils doivent se défier du monde extérieur, ce qui les empêche de se confier sous peine de trahir le secret de leurs parents et ainsi mettre en péril la cohésion du groupe et son existence même », note-t-elle dans son appel à la vigilance. L'organisation ministérielle estime en outre que « la diabolisation des personnes extérieures à la communauté empêche les enfants de bénéficier de l'aide dont ils pourraient avoir besoin ». Et ce n'est pas tout. Pour l'organisation étatique, l'isolement par rapport au monde extérieur constitue « une menace d'un point de vue psychologique, mais également social pour l'avenir de ces enfants ». Tout en rappelant que « la dérive sectaire s'amorce lorsque le groupe, en jouant sur les espoirs et les craintes que conçoivent les parents pour leur enfant, amène ceux-ci à s'enfermer dans une idéologie et rompre avec toute autre pratique ou pensée, s'isolant et isolant leur enfant du monde extérieur, au détriment du développement social, affectif et intellectuel de celui-ci ».

Toutefois, la Miviludes juge que « la potentielle dangerosité de ce type d'influence est à apprécier au regard d'une possible fragilité de l'enfant concerné, de sa situation scolaire par exemple, de ses éventuelles difficultés relationnelles ou encore de son état de santé ». Ce qui signifie que les enfants ne sont pas tous sensibles, de manière égale, à ce genre de pressions de groupe. Et que, par conséquent, beaucoup ne se sentiront jamais limités, et vivront très heureux toute leur vie au sein de cette communauté. Comme le répètent les défenseurs de La Famille sur leur groupe Facebook : toutes les situations sont à apprécier au cas par cas.

Quelques discussions avec des personnes ayant fréquenté des gens de La Famille à l'école suffisent malgré tout pour comprendre l'endoctrinement émotionnel et spirituel dont sont parfois victimes les plus jeunes. Agnès se souvient d'un garçon issu de la communauté, dans sa classe en CM2, qui avait « un jour pleuré pour une mauvaise note ». Une situation on ne peut plus classique à cet âge-là. Mais, « il nous avait expliqué qu'il était frappé quand il apportait de mauvaises notes », raconte-t-elle. « Les pleurs ont continué au collège et on lui a proposé d'en parler à l'assistante sociale, mais il a toujours refusé », continue-t-elle. Par peur des représailles, sans doute. Comme Magalie, qui a passé seulement trois mois chez son parrain et sa marraine, véritables « têtes pensantes » de La Famille, mais qui lui ont fait vivre les « pires jours de sa vie ». « À la récréation, on demandait aux plus grands de surveiller les plus jeunes. On était surveillés en permanence. Pas de classe verte, pas d'animations, complètement isolés », résume-t-elle. Pourtant, l'enfant qu'elle était aimait aller parler à d'autres camarades, aux professeurs. « Il y avait toujours quelqu'un pour me dire : "Magalie, viens." » Jusqu'au jour où elle a été prise la main dans le sac. Pour avoir trop parlé avec des élèves de l'extérieur, elle a été « fouettée, le soir, devant tout le monde ». Et de conclure : « Cela m'a traumatisée, et encore, je ne me souviens pas de tout car ma mémoire a fait un tri sélectif de ces horreurs. »

À l'écoute de ces témoignages, la psychologue Évelyne Kotto s'insurge : « L'école est un haut lieu de la socialisation de l'enfant. Eux les envoient, mais les empêchent de parler avec d'autres. Qu'est-ce que c'est sinon de l'entrave ? On pourrait parler de discrimination. » Selon Lydie Lenglart, cette « double vie » que doivent mener les enfants est on ne peut plus nocive. « On leur apprend à mentir très tôt. On biaise le devenir de l'enfant, on génère des souffrances », juge-t-elle.

Aurélie se souvient que son amie, de la famille Sanglier, « faisait sa liste de courses en cours et marquait dessus qu'elle devait se faire un shampooing ». C'était elle qui était chargée de faire les courses et le ménage. Et ce, dès la classe de 5ᵉ. À environ 12 ans, donc. La poursuite des études a longtemps été un problème majeur dans La Famille. L'école n'étant pas particulièrement appréciée, il fallait l'arrêter au plus tôt. Souvent, dès 16 ans. Aujourd'hui, rares sont ceux qui stoppent leurs études aussi tôt. Cependant, chez les filles, les études supérieures longues sont rarement encouragées. Marlène, qui a quitté le groupe car elle se sentait bridée pour son avenir, en est la preuve vivante, et son parcours dans La Famille date d'il y a moins de 20 ans. Adolescente, la jeune fille voulait devenir écrivaine, puis professeure – ce qu'elle est finalement devenue. On lui a dit que ce n'était pas possible car elle devrait « parler aux autres ». Finalement, Marlène a décidé de poursuivre ses études, malgré les regards accusateurs de ses cousins et cousines, embrigadés dans les croyances familiales. Toutefois, le regard qu'elle redoutait tant, celui de son parrain et sa marraine, lesquels l'avait gardée à plusieurs reprises dans son enfance, a bel et bien changé. « Je voulais leur montrer que malgré le fait que j'avais quitté la communauté, j'avais fait de bonnes choses. Que je n'étais pas à jeter à la poubelle. C'était une grande souffrance émotionnelle pour moi », regrette-t-elle amèrement. Une situation que la Miviludes peint avec justesse : « La poursuite des études qui permettraient aux jeunes d'être plus longtemps en contact avec d'autres est évitée, alors que le mariage et la procréation, le plus tôt possible, sont encouragés pour des motifs religieux. » Sur le groupe Facebook des anciens de La Famille, un administrateur de la page s'explique : « On a tous remarqué que les yeux des enfants de la secte sont moins pétillants que les autres enfants, en d'autres termes ils sont moins épanouis et n'ont pas les mêmes chances dans la vie que les autres. Être né et avoir grandi dans la secte La Famille est un handicap. Il n'est pas insurmontable, mais il l'est. »

S'il fallait auparavant arrêter les études le plus tôt possible, c'était, comme le rapporte François Lorris, parce qu'« il fallait travailler de ses mains et suer beaucoup de son front, conformément à la tradition ». « Il fallait créer quelque chose de ses mains en laissant les richesses de côté », atteste Laurie, une jeune femme qui a quitté le groupe il y a peu de temps. Une vie de piété, rudimentaire, comparable à la pauvreté évangélique, qui appelle au dépouillement, à la sobriété et à la consommation du minimum. Les métiers complexes ou intellectuels n'ont donc pas toujours été favorisés. « Dans l'idéologie, il ne faut pas pratiquer de métier à responsabilité, où on se met au-dessus de la volonté de Dieu », tente-t-elle d'expliquer. Puisqu'il ne fallait « garder qu'un livre » – la Bible –, les métiers d'écriture (journaliste, écrivain) ont longtemps été proscrits. Et ce, alors même que certains ancêtres de La Famille, dans la communauté de François Bonjour, étaient pourtant journalistes et lettrés. Les métiers de la justice étaient aussi mal vus, car c'est la justice de Dieu qui prime. Même chose pour les métiers médicaux, qui vont contre les volontés divines (« soigner » signifie aller contre la volonté de Bon Papa). Quant aux professions médiatiques – chanteur, acteur, animateur –, « si elles ne sont pas explicitement interdites, elles ne sont pas vraiment en adéquation avec les idées de la communauté », explique-t-on en interne. Notamment car « il y a un évident problème de confidentialité. Quand quelqu'un est connu, on enquête sur lui et son passé », note un témoin. « Nous avons une mission spirituelle qui est censée être notre préoccupation première et notre raison d'exister. Plus grand monde ne le respecte mais, à la base, notre métier ne doit servir qu'à nourrir sa famille et payer son loyer. Notre vie devrait être consacrée à la religion », rappelle-t-il.

Ces préceptes, nombreux, ont parfois été abandonnés au fil du temps. « Les choses ont beaucoup évolué en même temps que l'évolution du monde. Les femmes qui restent au foyer, soumises aux hommes sans faire d'études, cela a bien changé », assure Valérie, qui a pourtant quitté La Famille pour pouvoir vivre comme elle l'entend, sans aucun joug idéologique. Les exceptions ont pourtant toujours existé. Laurie avait par exemple un grand-père avocat. Elle se souvient de nombreux comptables, même dans le noyau dur. Marie, elle, se rappelle que tous ses oncles étaient « ajusteurs, menuisiers, ouvriers ». « Sauf mon grand-père qui était assureur conseil », précise-t-elle. Le père de Marlène, lui, était ouvrier chez Renault, avant de se reconvertir dans un métier de bureau après un grave accident où il a perdu un doigt. On parle beaucoup d'hommes car, jusqu'à il y a peu, les femmes devaient rester à la maison ou s'orienter dans des petites activités de couture ou de retouche.

Cependant, il persiste une certaine ligne directrice dans les études effectuées et les métiers exercés par les membres de La Famille. Ainsi, les jeunes s'orientent plus facilement dans les métiers manuels, de l'artisanat, du bâtiment, avec des études courtes et efficaces. « Par simple bon sens car il y a plus de travail et de meilleurs salaires », certifie Jonathan. Beaucoup sont leurs propres patrons ou petits commerçants. En attestent les récents diplômes obtenus par les jeunes de la communauté, ils sont nombreux à se diriger dans les domaines de l'électricité et de la climatisation. « Cela fait 11 ans que je suis commercial », nous confie un témoin masculin. Un cabinet d'architecte du 20e arrondissement est par exemple dirigé par une Thibout, créé sous le nom des Sandoz. « On a adapté les règles pour éviter les contraintes », lance, avec le sourire, Cyril. Une modernisation qui montre au moins en partie la volonté de normalisation de la communauté et de ses membres.

Que fait l'État pour ces mineurs, potentiellement bridés dans leurs possibilités ? « Les risques que fait peser sur les mineurs le fonctionnement de la communauté ont fait l'objet d'informations auprès des services susceptibles de recueillir leur parole ou de constater des difficultés afin que ceux qui sont en souffrance soient pris en charge », indique la Miviludes. « À notre connaissance, il y a eu au moins deux prises en charge de mineurs, mais cela ne permet absolument pas d'en déduire une mise en danger des enfants de la communauté dans leur ensemble », tempère-t-on. Par manque d'informations, la mission « ne dispose pas des éléments pour se prononcer sur une question qui relève de l'intérêt supérieur de l'enfant au cas par cas ».

Solidarité familiale et confort de vie

Pourquoi reste-t-on dans La Famille si celle-ci est, selon plusieurs témoins, aussi toxique et bride autant l'avenir de certaines personnes ? D'abord, notons qu'il est parfaitement possible d'avoir une existence heureuse dans cette communauté. Certaines personnes font le choix de partir, le choix le plus audacieux et le plus difficile car il nécessite, en aval, une reconstruction complète. Un *reset*. Une autre frange de ce groupe ultrasoudé a pris une option tout autre : celle de rester, afin de profiter des avantages, du confort de vie et de la solidarité familiale qui y règne. Et c'est indéniablement un point fort de ce groupe. Cette microsociété a su, au fil des années, se rendre presque autosuffisante. Elle est assez nombreuse pour subvenir aux besoins de la communauté avec brio – sachant que ces besoins ne sont pas démesurés, l'oncle Auguste ayant toujours prôné une vie pieuse, sans trop d'artifices, sans trop d'argent, pour ne pas faire d'ombre à Dieu. Comme évoqué précédemment, les personnes de La Famille ont souvent un emploi « utile » aux autres. On parle de plombiers, chauffagistes, électriciens. Pas de « *bullshit job* », type chef de projet marketing, dans cette communauté. Quelqu'un de La Famille a un problème d'ordre matériel ? Il y a toujours un cousin pour le régler à bas coût. « La vie est facilitée par la main-d'œuvre », témoigne Marlène. Gilles en a directement bénéficié. Alors qu'il venait de trouver un travail, il n'envisageait plus de vivre chez ses parents : ses cousins l'ont aidé à meubler son studio du 20ᵉ arrondissement, et à régler les premiers loyers, afin de prendre de l'avance sur ses premiers salaires. « Nous avons un système d'entraide qui assure à tous de quoi vivre correctement, atteste Jonathan. C'est une sécurité sociale en interne. »

Lors des fêtes aux Cosseux, des quêtes sont organisées. « On identifie qui a des difficultés et on met en place des relais de soutien, commente Magalie. Et si vous souhaitez reprendre votre liberté, on ne vous aide plus. Si vous bougez une oreille, tout s'arrête. » On peut donc imaginer pourquoi certaines personnes, qui ne vivent pas de manière idéale dans La Famille, restent : car elles sont tenues par les aides données par les autres membres. Lola, partie intégrante de la communauté, est partie très tôt de chez ses parents. « Je n'ai jamais rien payé, tout le monde donne, on me payait mon loyer », affirme-t-elle. De nombreux témoins font état d'une sorte de « prison dorée » construite autour de La Famille, afin de leur assurer le confort nécessaire pour qu'ils ne s'en aillent jamais. Et donc, de leur faire accepter plus de restrictions. « Forcément, le discours de l'oncle Auguste passe beaucoup mieux quand vous n'avez rien à payer au quotidien », raille un témoin, qui a quitté La Famille. En plus des aides de l'État, déjà très élevées vu le nombre d'enfants par foyer, il fait donc bon de rester.

Évidemment, ce sont les plus en difficultés qui sont aidés. « Il y a un système pour les personnes veuves, celles qui ne travaillent pas. Si tu as 10 enfants, les plus âgés aident leurs parents. Ils vivent dans des HLM car c'est moins cher », explique Marlène. « Ma marraine allait au marché, elle achetait tout pour la semaine. Quand on allait en vacances, c'était chez les uns ou les autres. Il y avait une aide alimentaire, ainsi qu'une aide pour les vêtements », poursuit-elle. « On nous donnait régulièrement des sacs de fringues », confirme Patricia. Cette entraide se poursuit jusqu'au niveau des poussettes, qui passent de foyers en foyers, pour dépenser moins. Car La Famille n'a aucun financement de quelque organisation que ce soit. Ses membres ne sont pas tous aisés, et vivent majoritairement dans des conditions modestes. Ayant souvent de nombreux enfants, ils touchent en revanche mécaniquement des aides de l'État. Même si celles-ci ne sont pas toujours essentielles, tant la solidarité est forte.

Lola, qui ne cache pas son bonheur au sein de La Famille, s'en félicite. « Demain, je suis dans le besoin pour X ou Y raison, je sais qu'il y aura du monde qui sera là pour me filer un coup de main. Si je n'étais pas là, je serais dans la merde. Je serais beaucoup moins entourée », se persuade-t-elle. La trentenaire cite les personnes âgées, toujours aidées en cas de besoin : « On est toujours là pour soutenir financièrement. » Pourtant, cette quête perpétuelle pour aider les plus pauvres n'est pas obligatoire. (C'est important de le souligner, car dans certaines Églises évangéliques rigoristes, l'argent demandé aux adeptes sous des prétextes divins peut être particulièrement étouffant pour eux.) « C'est une entraide générale naturelle », précise Lola, ajoutant que, dans ces deniers récoltés, il n'y a jamais aucun prétexte religieux. « Il y a malgré tout cet esprit chrétien de donner à ceux qui en ont le besoin. On se donne bonne conscience en aidant son prochain », analyse Patricia. « Si demain une fille est jetée de chez elle dans la rue, quelqu'un de son entourage va forcément l'aider. Même si je la connais à peine, que c'est la sœur d'un oncle lointain, on va lui trouver une solution. Il y aura toujours quelqu'un », détaille Jonathan.

Face à ce système bien huilé, le monde extérieur, de plus en plus individualiste, diabolisé depuis l'enfance, peine à montrer ses atouts. Le groupe fermé est plus fort puisque le confort est presque total. Un filet de sécurité. « Des gens sont là pour le spirituel, ou juste pour avoir le confort de la communauté, des copains, de l'aide, à manger, un toit... On se le demande parfois », déplore Jonathan. Là est tout le paradoxe. La Famille bride les ambitions de leurs membres, qui se contentent d'une vie sommaire (ou simple, selon les points de vue). Cécile, partie puis revenue dans la communauté après une rencontre à l'extérieur, reconnaît avoir été « largement aidée » à son retour. « Sur le plan matériel et spirituel », note-t-elle. « Pour le pire ou le meilleur, on est devenu davantage un groupe familial que religieux, et certains regrettent qu'on se soit éloignés de ces valeurs-là », analyse Jonathan.

Magalie, elle, raconte l'histoire de sa mère, qui a tenté de quitter La Famille après avoir quitté son mari. « Elle nous a pris sous le bras, c'était compliqué », se souvient-elle. À cette époque, cette dernière a subi d'énormes pressions de la part de La Famille. « Ils lui disaient : "Ne condamne pas tes enfants à la damnation éternelle." » Ils lui disaient aussi qu'en restant dans La Famille, le foyer ne « manquerait de rien ». « Elle recevait des sollicitations par téléphone, les gens se déplaçaient pour lui rappeler la situation. Ils disaient que ce serait plus simple, que les loyers seraient payés », ajoute-t-elle. Une pression émotionnelle qui montre que bon nombre de membres de La Famille sont tout simplement « tenus » par les autres. Avec le temps, Magalie affirme que ces cagnottes communes ont permis de créer de belles petites sommes. « Il y a de l'argent pour pouvoir serrer les rangs, leur ôter toute envie de partir », se persuade-t-elle. « À la base, le principe de La Famille était de créer quelque chose de nouveau en laissant les richesses de côté. Mais cela a pris une tout autre forme. Des gens sont dominants, influents », poursuit-elle. Et d'asséner, totalement catégorique : « L'argent est une monnaie d'échange. En retour, le prix à payer est d'être loyal et fidèle. »

Ce joug de l'argent n'empêche pas totalement les difficultés financières de certains foyers. Plusieurs témoins nous ont fait état de familles nombreuses entassées dans de petits appartements parisiens. « Une famille habitait derrière chez nous avec sept ou huit enfants. Les gamins dormaient dans un T2. Ils avaient fait installer des lits superposés dans une armoire », raconte Marlène, qui précise que cette famille aurait été entachée d'une affaire de viol qui n'a jamais été punie (ni traduite en justice). Mais pour de nombreuses familles, ce n'est « pas un problème » de vivre dans de petits espaces. « C'est la volonté de l'oncle Auguste de rester humble. Pas question d'avoir une maison avec piscine », coupe Michel. Même si Gilles, lui, certifie que beaucoup se sont écartés de ce précepte initial, et n'hésitent pas à profiter de la vie « comme des personnes normales ».

Enfin, malgré la solidarité de façade, il n'est pas rare de voir des rivalités au sein de La Famille. Motif fréquent de dispute : les désaccords entre deux foyers sur la façon d'éduquer les enfants. L'histoire du prophète Vincent Thibout est le plus gros motif de scission qu'il y a pu avoir au sein du groupe. Le thème de la médiatisation a aussi récemment fait débat en interne, certains étant pour le fait de parler aux médias afin de se défendre, le noyau dur restant farouchement contre. « Chaque soir, on doit faire une prière avant de dormir où on dit d'être protégé, qu'on pourrait mourir dans la nuit, et où on nous recommande d'être en paix avec tout le monde. Mais cela ne veut pas dire aimer tout le monde », raconte Jonathan. Oui, des gens ne s'aiment pas dans La Famille. Oui, parfois ils se détestent. Les questions politiques se font une place à table, alors qu'elles concernaient autrefois les gens du monde. Et le spectre est large. « Cela va d'extrême gauche à l'extrême droite. On n'est pas des moutons », confie un membre. Mais, malgré ces différences, la règle est toujours la même dans La Famille : se réconcilier au plus vite pour ne pas accumuler de rancœur tenace. Ce qui assure au groupe une certaine solidité, notamment depuis le départ de Vincent Thibout. « On s'arrange pour faire la paix "quoi qu'il en coûte", comme dirait le président », admet ce même interlocuteur.

Un attrayant modèle d'ultraconservatisme

Abus sexuels, consanguinité, emprise mentale ou encore extrémisme religieux... Des dérives, casuistiques, qui sont « contrebalancées » par des valeurs communautaires de solidarité, d'entraide, lesquelles feraient assurément écho chez certaines personnes. Même l'application stricte de la religion pourrait revêtir un intérêt aux yeux de certaines familles chrétiennes, qui ont perdu la pratique que Valéry Giscard d'Estaing lui-même qualifiait de « quotidienne ». Plusieurs de nos témoins nous ont d'ailleurs confié qu'ils considéraient simplement La Famille comme un groupe de personnes en retard sur leur temps. Des foyers avec une femme avant tout aidante, où le patriarche « commande, boit et dicte ». Perçu sous cet angle-là, difficile de trouver quelque intérêt à ce retour en arrière. En prenant un peu de recul, pourtant, cette communauté parisienne peut aussi apparaître comme un attrayant modèle d'ultraconservatisme.

Malgré les faits décrits dans une enquête du *Figaro* à l'été 2020, les commentaires d'internautes, situés au-dessous de l'article, s'avèrent remarquablement positifs à l'égard de la communauté. S'ils doivent être pris avec des pincettes, car écrits sous pseudonyme et, parfois, par des membres de la communauté eux-mêmes, ils représentent une frange de la population qui estime que ces gens, dans leur autarcie, ont au moins le mérite de ne « déranger qu'eux-mêmes ». « Mais qu'ont fait de mal ces personnes ? Pourquoi citer leurs noms ? La presse est moins téméraire quand il s'agit d'autres groupes fermés », affirme l'une d'elles. Un autre commentaire avance que leur histoire n'est « guère plus bizarre que celle de la plupart des religions ». « Surtout, laissons-les tranquilles. Ils ne dérangent personne », réclame un autre. « Personnellement ils ne me gênent pas, du coup ils peuvent bien faire ce qu'ils veulent », commente un quatrième.

Contactée par nos soins, la Miviludes reste très prudente au sujet de la communauté, malgré sa note de vigilance. « Il est fort possible que des gens y passent toute leur vie en étant très heureux », assure-t-on. Une petite balade dans le 20e arrondissement suffit pour interroger les passants et leur demander ce qu'ils ont retenu de la « grande famille ». « Ils sont toujours très sympathiques », jure Liliane, une jeune grand-mère qui a vécu toute sa vie dans l'Est parisien. Même un des serveurs du *Taillebourg*, le bar où se réunissent les hommes de La Famille, n'a rien à redire sur leur attitude. « Ils sont bruyants, c'est normal car ils viennent à 50, 60, 80 ! Mais ce sont d'abord de bons vivants qui ne font de mal à personne. » Un habitué de cette brasserie d'angle est du même avis. « Il n'y a rien de différent d'un autre groupe d'amis, si ce n'est qu'il n'y a que des hommes. »

Que ce soit à l'école, au collège ou au lycée, anciens camarades de classe ou professeurs sont aussi unanimes. Personne n'est plus poli qu'un membre de La Famille.

Un attrayant modèle d'ultraconservatisme

« Je ne comprends pas la cabale menée contre eux », estime un parent d'élèves, à la sortie d'une école primaire. Thierry, l'un des gynécologues des femmes de La Famille, loue le côté « modèle » des enfants de la communauté. « Ils sont tous extrêmement bien élevés, parents, enfants, femmes, maris, tous ! » Un poncif que nous confirment les professeurs et anciens professeurs, qui ont croisé des élèves de la communauté. « J'en ai oublié plein, car ils sont tellement exemplaires qu'il n'y a pas de souvenir lié à eux », concède un instituteur. Marlène, ancienne membre, résume : « Ce sont des gens gentils, généreux, simples, humbles. Les femmes sont douces, les hommes machos, un peu bêtes et pas très éduqués. Hélas, il y a cet endoctrinement émotionnel et spirituel. »

C'est sur le plan des valeurs que La Famille pourrait faire figure de modèle. « C'est une chance immense. Sur sept milliards de personnes, je suis né là où on détient la vérité », se félicite Jonathan. Le trentenaire se dit conscient que « notre communauté puisse tenter des gens ». Notamment parce que « l'Église est devenue mauvaise ». « Normalement, l'Église, selon les préceptes de saint Pierre, devrait être ce que nous sommes », plaide-t-il. « Si quelqu'un veut être comme nous, je lui dis : "Ouvre ton évangile et tu verras que tout est marqué dedans" », recommande-t-il à d'éventuels envieux. Effectivement, c'est bien sur les valeurs chrétiennes que La Famille peut faire la différence. En s'inspirant du jansénisme, la communauté prône une application stricte de la religion et de ses préceptes. Autrefois, le père de chaque foyer remettait à ses enfants une prière nommée « La lettre de mon père », qu'il devait porter toute sa vie avec lui. Une tradition qui s'est un peu estompée, mais demeure dans quelques foyers du noyau dur. D'ailleurs, la majeure partie de nos témoins ne critique pas vraiment l'aspect religieux quotidien de La Famille. « Le côté des valeurs est un point positif », atteste Marie, pourtant agressée sexuellement dans son enfance par son propre père. Les valeurs perdurent, jusqu'à la chasteté requise pour le mariage. « Les filles se respectent plus, on inculque de vraies valeurs aux enfants. Quand on voit comment ils sont à l'extérieur, ils pourraient beaucoup apprendre d'eux sur ce point-là », admet notre témoin. Finalement, bon nombre d'anciens membres de La Famille disent avoir vécu des expériences négatives à l'extérieur. Lola, elle toujours partie intégrante de la communauté, dit avoir été trompée par un homme qui n'en faisait pas partie. Maël, membre de La Famille, l'admet sans ciller : « On a déjà fait des envieux à l'extérieur. » Après tout, où se situe la norme ?

La Famille face au départ de ses membres

Le mode de vie atypique de la communauté religieuse La Famille ne plaît pas à tout le monde. Lorsque vous naissez dans ce carcan, ce « Bocal », l'envie peut naître, dès l'adolescence, de s'en aller pour explorer le monde. À cet âge, lorsque vous manifestez des velléités de départ, on vous laisse vous confronter aux autres. En gros, on vous laisse vous « prendre des murs », aiment à dire nos témoins. Exemple le plus fréquent : on vous laisse vous faire plaquer par votre premier petit copain ou petite copine. C'est le modèle habituel, si vous avez le malheur que votre premier amour vienne du « monde ». Un seul objectif : servir le discours de groupe, lequel consiste à décrédibiliser l'extérieur au profit de la communauté. « On te l'avait bien dit », clame-t-on à tue-tête après un échec amoureux. En revanche, une fois l'âge adulte venu, le processus s'inverse. Vous manifestez l'envie de vous en aller ? Allez-y, mais vous serez seul, abandonné. Aurélien, qui est né dans La Famille et y est toujours, l'admet : « Si tu pars, tout ce que tu as part avec. Ce n'est pas facile de tout quitter. » Avant d'ajouter, à voix basse : « Si j'avais pu choisir, je serais peut-être né à l'extérieur, tout serait plus simple. » « Passé un certain âge, les anciens n'ont plus aucun intérêt à quitter le groupe. Les jeunes qui partent se sentent mal et le font assez rapidement, ensuite il y a les couples brisés qui veulent changer d'air, et ceux qui n'en peuvent plus des enfants », résume Michel, marié à une femme qui a quitté La Famille.

Clotilde, elle, avait seulement 20 ans quand elle a quitté la communauté. C'était il y a environ 35 ans. « Je ne me suis jamais plu dans ce milieu, je n'ai jamais été heureuse », confie-t-elle. Violée par son frère pendant des années, un drame que sa mère n'a jamais cru, elle a voulu s'en aller, dès sa majorité venue. « J'ai toujours eu un assez fort caractère, alors quand je suis partie, c'était définitif, tranche-t-elle. Quoi qu'ils disent, personne n'aurait pu m'en empêcher. » « La dernière fois que j'ai vu ma mère, c'était en 1999 », atteste la quinquagénaire. Une fois sa décision prise, la jeune femme d'alors a galéré, en dehors de la bulle. « J'ai dormi dans la rue, mais je ne regrette pas. » En manque de repères pendant de nombreuses années, elle a finalement rencontré l'amour. Un amour qui l'a sauvée, lui a permis de fonder une famille, de se reconstruire et, surtout, de vivre heureuse. « Contrairement à certains qui sont partis et qui ont eu des regrets, moi, je n'en ai aucun », affirme-t-elle.

Fabienne a eu la chance de grandir dans une famille plus douce. « J'ai été bien traitée, élevée avec plein d'amour et de bienveillance », certifie-t-elle. Loin des idéaux de La Famille, son père, patron d'usine, n'a pas vécu selon les principes de la communauté. Pas de lecture religieuse, pas de cantiques à tue-tête. « Du côté de La Famille, il se disait que nous n'avions, moi et mes sœurs, pas été élevées. » Partie à l'âge de 30 ans afin de ne plus voir son mari, cette femme est alors devenue « orpheline ». « J'ai perdu tous mes amis, toute ma famille. Quand il faut se reconstruire à cet âge, ce n'est pas facile », déplore-t-elle. À son départ, son père, qui n'a pourtant jamais fait partie du « noyau dur », a été on ne peut plus cinglant : « Il m'a dit : "Tu me feras honte toute ma vie." Mais je sais qu'il a dit à d'autres personnes : "J'en pleure des larmes de sang de ne pas voir ma famille." Donc je lui manquais », raconte-t-elle. À son départ, Fabienne avait quatre jeunes enfants à élever. La vie n'a pas toujours été simple. « Je me suis fait avoir, je faisais trop confiance aux gens, même si je n'ai aucun regret d'être partie », argue-t-elle. En dehors, elle a toutefois gardé contact avec sa mère, restée « au chaud », au cœur de cette rassurante bulle. Des coups de téléphone récurrents avec elle l'ont aidée à tenir. Au décès de son père, en 1992, elle a finalement décidé de voir sa mère plus régulièrement, cette dernière faisant fi des règles qui régissent la communauté depuis des décennies. « L'ouverture au monde est forcément difficile en ayant vécu aussi longtemps en vase clos. C'est comme ces enfants victimes de maltraitances qui débarquent dans des familles d'accueil et ne comprennent pas qu'on ne les frappe pas lorsqu'ils font des bêtises », avance une psychologue de l'enfant.

Dans les années 1980-1990, La Famille a vécu un véritable exode, avec le départ de plusieurs dizaines de ses membres. « Ça n'arrêtait pas », souffle Yannick. Le modèle ne prenait plus. « J'ai quitté mon mari, mais je ne pouvais pas me remarier, c'est interdit, donc je n'avais pas vraiment d'autre choix, témoigne Jeanne, la quarantaine. Mes parents ne veulent purement et simplement plus me parler. J'ai simplement quelques contacts avec un frère et un cousin germain. » Ce système-là, beaucoup le reproduisent. Après une séparation, l'envie d'ailleurs se fait sentir. « Vous ne tenez pas forcément à vous coltiner votre ex toute votre vie lors des fêtes de famille », relève Aurore avec justesse, elle qui a coupé les ponts il y a une quinzaine d'années maintenant.

L'histoire de cette cousine, qui a osé s'en aller après la mort de son mari, nous a été relatée. « Pour celle-là, il y a eu de l'indulgence, car on considère qu'elle vit seule. Il n'y a pas d'adultère, donc on peut la voir », confie un de ses proches. Ou le destin de cette autre femme, qui a pris la poudre d'escampette en épousant la foi évangélique, se mariant, cette fois, en mairie. « Celle-là, en revanche, elle ne viendra pas manger à la maison. Tout juste on lui dira bonjour dans la rue », tacle ce même interlocuteur. Ou bien une qui s'est séparée de son mari pour un autre homme. « Pour elle, c'est simple, quasiment personne ne veut encore la voir ! » Ou encore cette pauvre mère de 17 enfants (et deux fausses couches), quittée par son mari, parti avec sa secrétaire. « Ses oncles viennent la voir régulièrement pour la soutenir, mais ce n'est pas facile pour elle, informe Marlène. Comme ils font des enfants tous les ans, ils se rencontrent à 15 ans et à 40 ans se disent qu'il faut partir. Du coup, la mère se retrouve à élever tout le monde toute seule. »

Ces restrictions d'un autre temps ont été l'une des raisons du départ de Marlène, qui s'est retrouvée très seule, à 16 ans, en suivant sa mère, qui avait quitté son mari (lequel a aussi quitté La Famille, faute de remariage possible). « Mes copines ne m'appelaient pas car ma mère était partie. Je n'étais plus trop fréquentable », raconte-t-elle. Autrefois, Marlène était très proche de son parrain et sa marraine. Leur rôle est important dans la communauté puisqu'au baptême, les parents doivent les choisir, et ces derniers doivent forcément être mariés. « Ils ont eu huit ou neuf enfants. Ils étaient plus jeunes que ma mère, on était assez proches, j'étais leur filleule, on se voyait souvent, se remémore-t-elle avec tendresse. À 16 ans, je leur ai dit que je ne voulais plus de La Famille, que je ne voulais pas du mariage interne. Mon parrain m'a dit que ce n'était pas normal. On ne s'est plus vu. C'était un peu dur à accepter émotionnellement car ils ne m'aimaient plus. »

D'autres raisons peuvent pousser des personnes à partir. Cécile, une fille de La Famille, l'a quittée après une rencontre amoureuse… avec une fille. Pour elle, il était quasiment impossible de faire une rencontre amoureuse au sein du groupe familial. Elle a donc trouvé quelqu'un à l'extérieur. Ce qui a provoqué une scission totale avec ses cousins. Finalement, sa relation à l'extérieur s'est mal terminée, ce qui l'a poussée à revenir chez ses parents. « Si je me mets en couple avec une fille et qu'elle vit chez moi, mes cousins-cousines ne viendront plus me voir. Mais c'est logique », reconnaît la jeune fille, qui juge cette relation passée comme une « erreur ». Mais attention : il serait, là encore, hâtif de dire que toutes les familles de La Famille ne tolèrent pas les homosexuels. « J'ai un copain homosexuel qui s'est barré à ses 18 ans. Il a limité ses relations avec La Famille dès l'âge de 15 ans. Il est parti tôt et, aujourd'hui, son copain mange avec ses parents chez lui le dimanche », indique Marlène. Encore une fois, tout dépend du foyer.

Couper les ponts avec sa famille n'est, quoi qu'il en soit, jamais facile. Couper les ponts avec La Famille, c'est encore plus difficile. « On a fabriqué des adultes incapables de vivre seuls quand ils ont la chance de s'en aller. En restant enfermé toute sa vie dans un rôle, dans une assignation familiale à habiter son genre, on ne se construit pas comme on devrait se construire. Ces personnes n'ont même pas vraiment appris ce qu'était le libre arbitre », déplore Évelyne Kotto. D'autant qu'un départ ne se fait jamais avec la bénédiction des pairs. Nos témoins évoquent un déchirement, un sentiment de solitude immense les premiers jours. A-t-on fait le bon choix ? Après coup, toutes nos sources disent ne pas regretter. Et pourtant, sur le moment, beaucoup ont eu peur. « Quand on s'en va, il faut y aller sans regret », confirme Clotilde. Contrairement à de nombreuses organisations à caractère sectaire, La Famille ne pratique pas l'excommunication, qui consiste à la radiation pure et simple des personnes qui quittent le groupe. Chez les Témoins de Jéhovah par exemple, si vous êtes parent et que vous partez, vous ne pourrez plus voir vos enfants si votre conjoint reste. Ce qui entraîne certains membres à rester « sous couvert » pour ne pas être en scission avec leur famille. Dans notre communauté parisienne, la situation est un peu différente. On observe depuis plusieurs années le phénomène de personnes ayant quitté La Famille et qui reviennent. Souvent, la raison de la scission est une aventure amoureuse à l'extérieur qui, lorsqu'elle se termine, incite les déçus à se replier sur le solide tronc familial. Comme un refuge. Mais quand ils reviennent, le regard de leurs cousins n'est pas toujours le même.

Si certaines familles laissent leur proche s'en aller quand ils en ressentent le besoin – tout en les avertissant à chaque fois des dangers du monde –, d'autres sont plus tenaces. Magalie a vu sa mère se battre pour quitter son mari violent et sa famille. Elle avait seulement 6 ans à son départ de

La Famille face au départ de ses membres

La Famille. « Le frère de ma mère et mon père ont essayé de me ramener, de nous ramener », se rappelle-t-elle. D'autres témoins nous assurent avoir été suivis pendant de nombreuses semaines par des proches qui n'acceptaient pas leur départ. Dans une enquête publiée à l'été 2020, *Le Figaro* a décrit le cas d'Alexis, qui a fui le groupe pour rejoindre Caroline, une femme de l'extérieur. « Dès le début de leur relation, les amoureux ont été "traqués". "Ils m'ont menacée, insultée. Ils me suivaient dans la rue", raconte-t-elle. Son époux a même été "gentiment" kidnappé – un guet-apens dont il ne s'extirpa qu'un mois plus tard. »

Ce fameux exode familial s'est progressivement estompé depuis quelques années. « Cela s'est calmé », nous confie-t-on en interne. Au sein de La Famille, une sorte de pacte qui ne dit pas son nom semble avoir été scellé. « Chacun fait un peu ce qu'il veut, du coup plus personne ne part », ajoute-t-on. Tant que ces personnes n'enfreignent pas les grandes règles, elles sont un peu plus libres qu'auparavant. Un mode de vie un peu plus confortable qui permet de limiter les départs. Yannick nous parle de son cousin germain qui a, pendant des années, dit aux jeunes, lors des sorties dans les bars : « Eh bande de cons, vous n'allez pas rester là, on pourrait aller en boîte, serrer de la meuf », nous rapporte-t-il. « Il prêchait la mauvaise parole, je lui disais de leur foutre la paix, de ne pas aller les tenter », commente-t-il. Désormais, dans La Famille, chacun peut faire ce qu'il veut ou presque, tant qu'il n'en parle à personne. Pas vu, pas pris. « En revanche, inciter les gens à faire mal les choses, cela dérange tout le monde », objecte notre témoin. Un membre qui n'est plus en accord avec les valeurs du groupe ? Autrefois, il serait parti de lui-même. Aujourd'hui, les gens auront plus tendance à rester. « Avant, on partait dès qu'on était amoureux de quelqu'un, se rappelle Julie, du même âge que Yannick environ. Maintenant ils peuvent le faire, mais, tant qu'ils ne sont pas totalement sûrs, ils restent là, en attendant de voir si cela se concrétise. »

Une attitude générale qui a tendance à provoquer l'ire des plus radicaux de La Famille. « Ils ont un peu perdu les rênes, c'est vrai », nous indiquent certains membres actuels. « Mais bon, c'est l'évolution, la modernisation qui veut cela », précise-t-on maladroitement. Selon nos informations, le noyau dur, issu d'un patronyme en particulier, a lui-même connu de nombreux départs en raison de son mode de vie radical. Ce qui nous montre que, plus les us et coutumes sont difficiles à suivre, plus les départs sont fréquents. Et inversement, dans un foyer plus modéré, la situation sera bien plus acceptée. Magalie, par exemple, a côtoyé ce noyau dur. Sa mère était certes une « rebelle », mais son père était on ne peut plus rigoureux. Son parrain et sa marraine également. « J'ai vu tout cela de très près, c'était des patriarches aux commandes. Il y a eu beaucoup de départs chez eux. C'était eux les têtes pensantes, même s'il n'y a pas de gourou », indique-t-elle. Le fait de fréquenter régulièrement ces « extrémistes aux rites datés » – Magalie fait état de passages à tabac, d'humiliations en public, d'un extrémisme religieux constant et autres sévices en tous genres – a notamment provoqué le départ de ses deux sœurs et de son unique frère.

D'autres motifs peuvent aussi pousser des membres de La Famille à la quitter. Outre le carcan social, religieux et moral recommandé (voire imposé, lorsque l'on est plus jeune) à tous, la « pensée unique », pointée du doigt par de nombreux témoins, fait parfois des ravages, de multiples façons. « Dans ces communautés, les gens ne sont pas eux-mêmes, et ce, dès la naissance, jusqu'au déclin, s'il y en a un. Il y a une sorte de dissociation psychique qui s'opère. On est le groupe, il n'y a pas d'individu. Pas de "je", mais un "nous" », analyse la psychologue Lydie Lenglart. Grandir au milieu de La Famille, c'est grandir au sein d'une communauté dans laquelle on veut à tout prix briller. L'extérieur étant le diable, se montrer valeureux, rendre fier les siens – et ils sont bien plus nombreux que dans une famille classique – est un impératif. Un impératif qui tend à mettre une pression énorme à certains, qui ne la supportent pas... et sombrent, que ce soit dans l'alcool, la petite délinquance, ou l'enfermement social.

Car s'il n'y a pas de chef dans La Famille, cette « pensée unique » fait que l'on peut vite être « mal vu ». « Comme dans la société en général, certains partent avec de meilleures prédispositions », relate un membre. Quelqu'un qui a « une belle allure, qui est bon au foot et est bien vu par les gonzesses a immédiatement la cote », souligne-t-on. Le fait de n'avoir finalement qu'un « grand cercle social » n'aide pas à diversifier ses relations, et lorsque l'on se retrouve « blacklisté », les conséquences peuvent être difficiles à vivre. Sylvain dit en avoir fait l'expérience. Il ne correspondait pas aux idéaux physiques que l'on se fait d'un « bel homme ». « J'étais un peu enrobé à mon adolescence, je ne me tenais pas droit, mon expression n'était pas parfaite, avec quelques problèmes de diction », expose-t-il. Loin d'être pris en pitié, il a plutôt été pris en grippe par ceux de son âge. « Il y a des meneurs, à tous les âges », souligne Richard. Cette concurrence, habituelle chez les plus jeunes, se poursuit à l'âge adulte. Si bien que, même si l'on ne peut distinguer de gourou, des têtes dures ont tendance à être bien plus suivies que les autres. Un témoin, acerbe, donne l'image d'un « troupeau de mouton avec son chien de berger ». Vous avez un bon travail ? Vous êtes respecté. Vous avez une belle femme ? Aussi. De beaux enfants ? Même chose. « Rien de très différent de notre société », note Sylvain. Mais avec une « différence notable » : « qu'ensuite, tout le monde va vous écouter, vous suivre, et si vous décidez de détester quelqu'un, beaucoup vous écouteront et feront de même », poursuit ce jeune homme, qui est malgré tout resté dans la communauté, tout en étant, selon lui, plus indépendant que les autres.

Pardailhan, le grand départ

Il serait faux de prétendre que la grande Famille n'a évolué qu'à Paris et ses alentours. Autrefois, ne serait-ce que quitter le 11ᵉ arrondissement, le faubourg Saint-Antoine et la rue de Montreuil faisait figure de schisme. L'auteur François Lorris, dans son livre, évoque « ceux de la Courtille », des cousins qui auraient osé quitter les leurs pour aller vivre dans le 20ᵉ arrondissement, aux alentours de Belleville. C'était, selon le romancier, à l'époque où l'oncle Auguste n'était lui-même qu'un petit enfant. Avant même qu'il ne mette en place ses dogmes et ses règles strictes de fermeture. Mais, depuis l'époque de l'oncle Auguste, les troupes ont été beaucoup mieux tenues. Jusqu'à sa disparition. « Depuis la mort d'Auguste, il n'y avait plus de guide indubitable ; des copies seulement, trop pâles, trop fidèles donc très peu convaincantes », explique l'auteur. Conséquence : « Les cousins se cognaient de plus en plus souvent, et nombreux, la tête contre les parois de leur bocal », raillait-il. C'était au début des années 1960.

Dans La Famille, tout le monde peut être prophète, nous l'avons vu précédemment. Tout le monde peut, un jour, aux Cosseux, affirmer avoir eu un rêve biblique, dans lequel il a aperçu, rencontré ou parlé avec Dieu, ou même le prophète

Élie Bonjour. Il ne s'agit pas d'affabuler, mais bien de ce que croient avoir vécu les membres. Ainsi, lors des cérémonies souvent trop arrosées, il arrive encore que quelques anciens se mettent en transe, rappelant leurs ancêtres convulsionnaires. Une tradition qui tend à se perdre, mais qui perdure encore entre « anciens » du groupe. Dans les années 1960, Vincent Thibout a eu une vision annonçant la fin du monde. Comme le voulait la tradition. « Un prophète doit toujours annoncer la fin du monde. C'est pour cela qu'ils sont si peu nombreux », rappelle Gilles. Disposant d'un charisme suffisant, Vincent Thibout a impressionné. A attisé l'admiration. Évoquant une proche apocalypse, l'homme a aussi eu l'idée d'un « retour à la terre ». « Quand il a parlé, il y a vraiment eu un raz-de-marée », se souvient un témoin.

Les prédictions de Vincent Thibout osaient, pour la première fois, parler d'un départ de Paris. « Les déserteurs étaient ceux qui restaient. Les partants restaient, eux, entre eux, des eux mieux bénis, sous la houlette du nouveau devin. On sortait du Bocal sans en sortir. L'idéal ! » dissertait François Lorris. Vincent Thibout n'a jamais eu l'air d'un banal membre de La Famille. En 1957 et 1958, il a même quitté Paris pour aller passer deux ans dans un kibboutz en Israël, ces villages collectivistes où la propriété privée disparaît au profit de l'esprit de groupe. En Israël, le premier kibboutz est né il y a plus de 100 ans. Idée révolutionnaire, totalement communiste, tous les revenus générés vont dans un fonds commun. Tout le monde est payé de la même manière, au prorata de son nombre d'enfants. Les sites défendant ce modèle affirment qu'il permet l'égalité des chances. Le système est régi par une sorte de démocratie participative directe où tout le monde peut influencer le devenir de la communauté.

C'est cette expérience qu'est venu tenter Vincent Thibout, à Sdé Eliahou, dans la région de la vallée des Sources, près de la frontière avec la Jordanie. « Il visite Israël ; séduit par un kibboutz religieux de Galilée, il décide d'y séjourner quelques mois. Il y passera près de deux ans, partageant la vie difficile du paysan soldat israélien, s'initiant aux méthodes agraires révolutionnaires du jeune État laboratoire », décrit un article du journal *Le Monde,* daté du 29 décembre 1960. Fait cocasse, le kibboutz de Sdé Eliahou existe encore aujourd'hui. Quand d'autres ont refusé de se moderniser, celui-là a préféré tout miser sur l'agriculture biologique. En contrôlant les plantations *via* smartphone. Loin des anciens kibboutz et de leur travail « à la dure », celui-là persiste en produisant dattes, raisins ou épices en tous genres.

François Lorris raconte l'histoire de Vincent Thibout, qu'il nomme « Lucas », expliquant que l'homme a toujours été un dissident du groupe parisien. Et que son désir de partir en Israël avait été mal vu par certains membres. « Courir le monde conduit en enfer », décrit-il. Mais, « les cousins sont sensibles, ils savent reconnaître la prouesse. Et Lucas était d'autant plus volontiers pardonné que son voyage ne l'avait pas conduit dans les Pouilles, mais en Terre sainte. […] Lucas chez les Sioux, scandale, chez les Juifs, passe », poursuit-il. Revenu plein d'idées de son long séjour en Terre promise, en ayant beaucoup appris de la religion juive, Vincent Thibout a décidé de créer le premier « kibboutz à la française ». « Il a voulu reproduire cette expérience avec les membres de la famille parisienne », raconte Joseph Fert, un ancien membre de la communauté de Malrevers, sur laquelle nous reviendrons. Il s'agissait d'abord de trouver des terres à louer, une centaine d'hectares environ, pour y dresser une « exploitation rationnelle », comme l'expliquait *Le Monde*. Le tout à un prix raisonnable, car les gens de La Famille n'étaient pas riches. Vincent Thibout a commencé par écrire à toutes les préfectures de France. « Celle de Montpellier proposa un village aux neuf dixièmes abandonné, planté dans un décor à la Giono, sauvage et grandiose, en pleine Montagne Noire, cette marche avancée des Cévennes vers la mer », décrit le même article. Ce petit village, c'est Pardailhan, bourgade nichée en plein parc régional du Haut-Languedoc, quelque part au nord de Béziers.

Au printemps de l'année 1960, Vincent Thibout, qui avait réussi à convaincre une quinzaine de familles – 80 personnes environ – de le suivre, décide de quitter Paris pour Pardailhan. Après un voyage rocambolesque au volant de vieilles voitures d'époque qui, selon l'anecdote, tombèrent en panne à plusieurs reprises, ils débarquent sur les lieux, avec l'espoir d'une vie meilleure. Sur place en effet, il ne reste plus grand-chose. « Une petite chapelle au clocher délabré, un calvaire se découpant sur l'horizon, des champs caillouteux tout autour ; au voisinage un château à pignons fermé 11 mois de l'année, et que l'on dit hanté ; des rafales de vent et de pluie glaciale ; c'est ainsi qu'apparut Pardailhan aux transfuges parisiens en ce début de mars 1960 », relate *Le Monde*. La Radiodiffusion-télévision française (RTF), dans son émission *Cinq Colonnes à la Une*, décrit le lieu de la même manière : « L'an dernier, rien ne distinguait Pardailhan, le village qui porte le nom même du plateau, des autres qui mouraient lentement entre le vignoble et la mer. C'était un beau village, encore habitable peut-être, déjà en ruines par endroits. [...] Le secret du déclin de Pardailhan, ce n'est pas du côté des fantômes du passé, ni même entre les tombes paisibles du cimetière qu'on le trouve. Comme dans toutes les communes de France, il est inscrit ici, sur la pierre du monument au mort de 1918. Ce sont ces absents qui font le vide depuis 40 ans dans les villages et les hameaux. » Jusqu'à ce que Vincent Thibout et ses cousins ne viennent tout bouleverser. Eux qui sont, selon la RTF, tourneurs sur métaux, ébénistes, mécaniciens, fondeurs chez Renault ou chefs d'équipe. Ou bien ouvriers, employés, petits fonctionnaires. *Le Monde* l'assure, Vincent Thibout, ingénieur de 34 ans, et « seul intellectuel de ce groupe de Français, dits moyens », est « le chef de cette curieuse secte », qui se réunissait régulièrement dans une salle à Paris, près du faubourg Saint-Antoine. Pas de doute, il s'agit bien de la secrète famille. Et ils sont venus pour établir leur communauté agricole, au milieu de nulle part.

Devant les caméras de la RTF, Vincent Thibout n'a rien d'un paysan. L'homme au crâne dégarni, propre sur lui, est habillé d'un chic manteau orné d'une capuche en moumoute et d'un jean. Il est venu pour exploiter 300 hectares de terres abandonnées. « Nous vivons pour quelque chose : un idéalisme, c'est de faire revivre le caillou sur lequel vous êtes posés. Si nous avons planté des tomates à côté de Jérusalem entre des pierres, on peut très bien faire de cette terre en friche un champ qui sera très beau à voir », siffle-t-il à ses ouailles au milieu d'un pré vierge, en réponse à une question du journaliste. L'idéal est celui d'un christianisme mélangé au judaïsme. Une religion hybride, née de l'enrichissante expérience de Vincent à l'étranger. Le tout sans oublier l'objectif communautaire. « Et je crois même quelque chose : c'est que, pour ces 353 villages abandonnés, c'est la seule méthode pour les faire revivre. Si un paysan arrivait ici et seul, il se casse la figure. Nous, nous arrivons à un résultat », poursuit-il, confiant.

Dans cette communauté autogérée, le patrimoine est commun. Il n'y a pas de salaire, et chacun perçoit directement, en nature, ce dont il a besoin. L'argent n'existe pas. Mais alors, comment faire pour s'acheter un paquet de cigarettes ? Un économat est censé se charger de la question, en les distribuant chaque semaine. Le système a contraint les personnes de La Famille à se former aux métiers de la terre, ainsi qu'au maniement des outils et engins, comme le tracteur. Car ils sont absolument essentiels pour subsister. « Il faut un mois, un mois et demi » pour réussir à utiliser correctement un tracteur, informe un certain Lucien. Les membres du kibboutz ont dû réaménager l'école, car il n'en restait que deux sur le plateau de Pardailhan. C'est un certain Yves Thibout, âgé de 28 ans, qui fait la classe, après autorisation de l'Inspection académique. Quant aux enfants, ils vivent entre eux, au lieu de vivre auprès de leurs parents. Le lien parental est dilué au profit d'un fonctionnement commun, avec la mise en place de nurseries. Les tout-petits ne rentrent même pas chez leurs parents le soir. « Ils les voient, pour la simple et bonne raison qu'ils les voient une heure le soir tous les jours, et le dimanche toute la journée », raconte une des femmes de la communauté. Chaque semaine, une mère peut passer la semaine à la nurserie pour voir son bébé. Mais pas à son propre domicile.

Les adolescents, eux, ont vécu une enfance normale à Paris, avant ce chamboulement soudain. À Pardailhan, ils dorment dans des dortoirs, à deux par pièce, avec de simples penderies pour suspendre leurs vêtements. Pourtant, ce n'est pas un problème pour eux. « La solitude, je n'aime pas ça, cela donne des idées, c'est jamais bon », commentent-ils en chœur. « Ils ne dansent pas, ils ne vont pas au cinéma. Ils sont d'une tranquillité parfaite et un peu inquiétante quand même », raille la voix off de la RTF. Un mode de vie qui correspond aux idéaux de l'oncle Auguste, édictés 70 ans plus tôt. Descendre en ville le samedi soir? Ils pourraient le faire, mais « préfèrent faire un bridge » entre eux, ou bien « jouer à plusieurs jeux ». Sont-ils sages pour autant? « N'exagérons rien », tempère un de ces adolescents. Leurs activités sont simples : jeux de cartes, lecture. Toujours entre eux.

Ici, le quotidien est rude. Sans fioritures, c'est peu de le dire. On se réveille à l'aube, à 5 ou 6 heures du matin, en même temps que le soleil. Sauf le dimanche, où le réveil est libre, mais où se tient le Conseil de famille. « Dans cette salle de réunion, tendue de matière plastique bleu, comme l'école ou la nurserie, on commente les problèmes religieux ou sociaux, aussi bien que l'avenir de la communauté », souligne le reportage de la RTF. Une faute commise, une terre à défricher? Tout y est discuté. Vu que tout est commun dans le village, une immense cuisine y a été construite. Les caméras de la RTF n'ont pas raté les grandes marmites où les femmes du groupe, aux cheveux savamment cachés par un foulard, devaient concocter les soupes pour des dizaines de personnes. Un poulailler a aussi été construit pour subvenir aux besoins carnassiers. Un atelier mécanique – des ouvriers de Renault figuraient dans les fidèles de Vincent Thibout – a aussi été mis au point. « On a obtenu une commande de portemanteaux pour une fabrique de Béziers », certifie-t-on. Un atelier textile, dans lequel on confectionne des robes de chambre de luxe, a été transféré de Paris à Pardailhan.

Au village, les habitants hors de la communauté les appellent les « fadas de Paris ». Mais qu'importe. Qu'importent les difficultés, financières ou de main-d'œuvre, rencontrées par les fidèles. Pardailhan sonnait comme un idéal. Un couple, rencontré par la RTF, dit qu'à Paris, ils vivaient dans une pièce de trois mètres sur trois. Aux confins de la Montagne Noire, leur pièce semble plus grande. Elle est simplement moins luxueuse. Pas de buffet, pas de bougeoir. « On est très heureux. La vie de communauté me plaît beaucoup. La vie de Paris, enfermé tout seul, les sorties, cela n'avait aucun intérêt », commente cette femme. Son mari fait pour sa part état d'un « changement énorme ». « Ici, c'est la vie naturelle, la vie aux champs. Il y a de l'air, il y a tout. Je suis libre », promet-il.

Un certain Monsieur Fert, artisan monteur en tricot, est parti de la capitale pour « fuir un peu les incommodités de la vie parisienne, le bruit et l'énervement ». Une Madame Fert fait part d'une communauté où « chacun est au service de chacun ». Blanchisserie, couture, cuisine : elle se félicite de pouvoir tout faire. « C'est un système qui est pour moi très bon, surtout si l'on est nombreux, cela soulage beaucoup niveau travail. » Un autre homme, électricien, a vendu son commerce, fournissant les fonds à la communauté de Pardailhan. Il n'a rien gardé. Et d'ailleurs, tout le monde a fait pareil. Chacun a vendu ce qui lui appartenait, selon ses moyens. Le véritable sens de « tout quitter », en vérité. Une dénommée Nicole, elle, dit qu'elle faisait partie d'une grande famille. Habituée à être très entourée, elle ne pouvait pas vivre seule lorsqu'elle était à Paris par manque de moyens. « Quand on m'a parlé de cette communauté, j'ai tout de suite été séduite », assure-t-elle, dans un discours presque publicitaire.

Étaient-ils si heureux à Pardailhan ? La vie n'avait pas l'air d'y être luxueuse. Un des témoins dit avoir « eu l'idée » de partir, sa femme ayant eu des difficultés à s'adapter à cette vie communautaire. « J'ai résisté, c'est ma femme qui est revenue d'elle-même. » « Il est difficile de se rappeler qu'on est en France », tacle la voix off de la RTF. Alain et Claude, eux, se sont mariés, pensant passer leur vie au kibboutz. « C'est l'aventure, la vie nouvelle », rêvasse la jeune femme. Fermés sur le monde depuis leur plus jeune âge dans une communauté qui les bridait, et ce, sûrement beaucoup plus que ne le sont aujourd'hui les membres de La Famille, les disciples de Vincent Thibout pensaient avoir trouvé l'Eldorado. Était-ce vraiment la vie parisienne qu'ils fuyaient, ou bien les patriarches de leur communauté et les préceptes de l'oncle Auguste ? Difficile à dire, le sceau du secret faisant que personne, dans ce reportage, pièce d'archive, n'évoque véritablement La Famille et son fonctionnement.

Malheureusement, l'idéal du kibboutz de Pardailhan ne durera que trois ans. Avant leur arrivée, en 1954, on y comptait 151 habitants. 206 en 1962. Seulement 93 en 1968. « La vie y était trop dure », résume une source, dont les parents ont fait partie de l'expérience. Vincent Thibout, lui, est destitué dès 1961, pour laisser place à son cousin, Albert Thibout. « Le kibboutz de Pardailhan communique que M. Vincent Thibout n'ayant jamais appartenu effectivement à la coopérative, celle-ci ne répond en aucun cas des engagements pris par ce dernier », relate un document d'archive. Cependant, Albert ne fera guère mieux, n'aidera pas les récoltes à mieux pousser, ni la communauté à vivre plus confortablement. « Si Pardailhan a échoué, c'est par le manque de réalisme de nos parents qui ont cru qu'ils étaient capables de mener cette entreprise sans Vincent Thibout, pourtant initiateur du projet, et ont voté son départ. Mais en l'absence du dynamisme de Vincent, porteur de cet idéal communautaire, il ne leur restait plus que la réalité économique », jugeront en 2017 les membres de la communauté de Malrevers. Les villages de la Montagne Noire étaient destinés à mourir. Pardailhan ne dérogerait pas à la règle. Toutefois, la légende raconte que plusieurs membres de La Famille auraient décidé de rester dans la région. Prenant le pli d'un mode de vie plus normal.

Des communautés satellites, héritage de Vincent Thibout

Vincent Thibout était un idéaliste. Loin de lui la volonté de renoncer à son projet de communauté organisée, où la propriété privée n'est qu'un concept légendaire daté. Bien que très affecté par « l'échec » de Pardailhan, il décide de poursuivre son idée jusqu'au bout. Quelque temps après la fin du kibboutz héraultais, vers 1969, il réitère sa volonté de retour à la terre. Lui et ses ouailles créent d'abord un lieu de rassemblement à Coupvray (Seine-et-Marne). Là-bas, contrairement à Pardailhan, où tous les volontaires étaient bienvenus, on sélectionne. On retrouve des anciens de l'expérience pyrénéenne, mais aussi des nouveaux, attirés par la nouvelle vision de Vincent Thibout. On vit dans des pavillons, on se réunit. La vie en communauté mais, cette fois, à petit pas. Une période de transition entre 1970 et 1971. Avec un objectif : la recherche d'une nouvelle terre promise. Finalement, le petit village de Malrevers est choisi, en Haute-Loire, à quelques kilomètres du Puy-en-Velay. Comme à Pardailhan, le relief y est montagneux, entre les sommets du Suc de Chauven et du Pic de Mercœur. Comme à Pardailhan, le village est en lente décrue de population :

664 habitants en 1946, 435 en 1968. On peut supposer que les terrains y étaient peu chers, peu construits et permettaient d'envisager l'idéal rural voulu par le guide Thibout.

Cependant, comme l'expérience précédente, celle-ci tourne court pour Vincent Thibout. Ce dernier avait des idéaux, or, la gestion de la communauté ne se passe pas comme prévu, une fois sur place. Il ne restera qu'un an ou deux en Haute-Loire, avant de fonder une troisième communauté à Ménil-sur-Saulx, dans la Meuse. Là encore, il réussit à convaincre quelques cousins de se déplacer. Clotilde, ex-membre de La Famille, raconte : « Il s'est fait passer pour un prophète. Beaucoup l'ont suivi, même si certains sont repartis à Paris. Les deux communautés (celle de Malrevers et de Ménil-sur-Saulx) sont toujours persuadées que Vincent est un prophète. Il est enterré dans un jardin de Ménil. » Dans ce petit village de la Meuse qui fera office, pour lui, de dernier pèlerinage, il décède en 1974, à 46 ans, 7 mois et 14 jours seulement. La communauté, elle, a largement perduré. Un certain Michel Fert a même été le maire de la commune entre 1982 et 2010. Il meurt en fonction, le 2 janvier 2010. Aujourd'hui, une entreprise de transport, nommée sans surprise « Transports Fert-Thibout », subsiste. Elle a été fondée en 1971. « C'est mon entreprise et celle de ma famille. Service de qualité assuré et bonne ambiance », commente Élisée Fert, le patron de l'entreprise, sur les avis Google. Mal à l'aise face à nos sollicitations, Christophe Meunier, le maire de Ménil-sur-Saulx, village de seulement 254 habitants, n'ose pas évoquer le parcours de vie de ses administrés, prétextant qu'il est « nouveau » car élu en 2020. « J'exprime toutes mes réserves sur cette famille », confie-t-il, lâchant toutefois qu'Élisée Fert n'est autre que le fils de Michel Fert, l'ancien maire. « Ce sont des gens qui ont toujours participé à la vie économique de la commune et qui continuent à s'investir », poursuit-il. Sans pour autant évoquer leur mode de vie. D'après des témoignages recueillis par nos soins, la communauté de Ménil-sur-Saulx est basée sur le même judéo-christianisme que celui prôné autrefois par Vincent Thibout. C'est aussi cette religion hybride que l'on retrouve à Malrevers, en Haute-Loire.

Selon nos informations, plusieurs communautés ont vu le jour, dans l'histoire de La Famille, dans de petits villages de France. Si l'idée initiale de Vincent Thibout était celle d'un retour à la terre, le modèle économique n'a jamais vraiment été viable. Il a donc fallu s'adapter en mettant en place un système un peu différent, souvent basé sur un savoir-faire familial – une entreprise, en général – dont tous les employés sont cousins. Conséquence : ils vivent ensemble et font tourner leurs affaires commerciales de cette manière-là. Des Thibout se sont par exemple installés à Lamorlaye, dans l'Oise. Là-bas, le village est complètement différent de ceux de Malrevers, Ménil-sur-Saulx ou Pardailhan. Il s'agit d'un endroit très prisé, où les villas de standing ont toujours été légion, tout en étant proche de Paris et de la forêt de Chantilly. On y retrouve ainsi le magistral domaine du Lys-Chantilly, où les bâtisses, toutes plus belles les unes que les autres, trônent fièrement autour d'un rare écrin de verdure.

La famille de Maurice Thibout, qui vivait dans ce quartier huppé de Lamorlaye, a été touchée par un drame en 2008. Une bombe artisanale a explosé dans leur pavillon, le 9 février. Dan, l'un des fils, âgé de 21 ans, a tenté de confectionner un feu d'artifice avec trois membres de sa famille et un ami. Touché par un éclat de cuivre à l'artère fémorale, il n'a pas survécu. « Ils étaient fascinés par le feu d'artifice tiré dans leur jardin, le soir du réveillon. Après plusieurs petites tentatives, ils voulaient fabriquer une fusée plus importante après s'être procuré le mode d'emploi sur Internet », évoquait alors le parquet de Senlis, dans un article écrit par *Le Parisien*. Dans ce même papier, les voisins se disent consternés par ce drame qui n'a aucune corrélation avec une quelconque coutume de La Famille (si ce n'est peut-être celle de faire un feu d'artifice dans son propre jardin, le soir du réveillon, qui pourrait laisser supposer une grosse fête). Ils témoignent d'une famille qui « ne faisait jamais parler d'elle ». On y apprend que la famille de Maurice Thibout vivait dans cette propriété, avec celles de ses deux sœurs, mères d'une quinzaine d'enfants. « Une bâtisse cossue, de plusieurs étages, nichée au cœur d'un parc de plusieurs hectares avec tennis et piscine », peut-on lire. « C'était même un véritable clan. Les enfants jouaient très souvent dans le parc ou dans leur cabane construite dans les arbres », affirme un ancien voisin. Les plus âgés, eux, étaient « sans histoires », mais « un peu solitaires ». Outre ce drame, nos investigations nous ont permis de constater que la communauté de Lamorlaye se regroupait, elle aussi, autour d'une entreprise, d'informatique cette fois-ci. Cyril Thibout en est le patron, alors que Eva Fert est chef de projet. Ils accueillent leurs clients dans leur grande demeure, ce qui semble plaire, le cadre étant qualifié de « chic et paisible » par ces derniers.

Plus discrètes, plus restreintes, plus éloignées de La Famille en ce qui concerne leurs croyances, les communautés de Ménil-sur-Saulx et Lamorlaye n'ont probablement pas encore livré tous leurs secrets. Une autre communauté persisterait même à Lestelle-Bétharram, près de Lourdes. Entre ces groupements satellites de La Famille, dont la communauté de Malrevers fait également partie, des liens ont souvent été entretenus. Si le « vaisseau mère » parisien ne voulait plus vraiment entendre parler de ceux qui sont « partis dans le monde », les dissidents, eux, ont longtemps entretenu des relations bilatérales cordiales. « Je m'étais toujours dit que les communautés étaient hermétiques. Mais il y a des liens amicaux, voire plus "intéressés" en termes de business. » Ainsi, on peut apercevoir qu'Élisée Fert, patron de l'entreprise de transport Fert-Thibout de Ménil-sur-Saulx, n'a pas hésité à louer le « professionnalisme » de l'entreprise de textile Interstyl, qui constitue l'activité économique principale de la communauté de Malrevers.

Au cœur du kibboutz de Malrevers

Perdue au milieu d'un vaste écrin de verdure vallonné, au nord-est du Puy-en-Velay, chef-lieu de la Haute-Loire, si rurale, si sauvage et si paisible, se trouve la commune de Malrevers. Le village de 700 habitants se limite au minimum : une école primaire, une mairie, une église romane, une boulangerie, et quelques lotissements. En ce matin pluvieux, il n'y a pas âme qui vive sur cette banale place à fontaine, cœur d'un village qu'on aurait tendance à traverser et à oublier aussitôt, même si son site de la Croix de Clayssac, classé, mérite indéniablement le coup d'œil. Il est tout juste 10 heures, les cloches sonnent et le bureau de poste s'anime. À l'intérieur, une fonctionnaire nous reçoit les yeux écarquillés dès notre première question posée. Elle sait que quelques centaines de mètres plus haut, un kibboutz, né de l'idée de Vincent Thibout, a vu le jour au début des années 1970. « On les appelait la secte », admet-elle. Et ce, avant la médiatisation du groupe par des articles de presse locale et nationale, courant 2020. Malgré ses *a priori*, cette employée a appris à connaître ces gens « très sympas, très avenants ». « Ceux du château », comme elle les surnomme maintenant, sont « toujours là pour aider », même s'ils ont tendance à rester « beaucoup entre eux ». « Aucun problème avec eux, nonobstant leur aspect très communautaire », abonde un riverain retraité. Le maire de Malrevers, Gilles Oger, est du même avis, lui qui n'est en fonction que depuis 2020. « Ce sont des gens que l'on croise dans la rue, à qui l'on dit bonjour », relate l'édile. Avant son élection, l'élu, également habitant de la commune, dit n'avoir jamais entendu parler du kibboutz. Le 12 juin 2020, de fortes pluies ont entraîné des coulées de boue. « Ils sont venus donner un coup de main aux habitants pour déboucher les ruisseaux », raconte-t-il.

Comment ne pas vouloir aller à la rencontre de ces gens décrits comme charmants par tous nos interlocuteurs ? Pour ce faire, il faut s'éloigner un peu de ce tranquille petit bourg et rejoindre le lieu-dit Boissiers, niché sur une colline dans les hauteurs de Malrevers. Cette zone, à l'écart de la route départementale, est entourée de grands prés, d'une nature riche sans être envahissante. Une belle bâtisse domine les autres, cernée de murs en pierre. Ce ne sont pas les murs en pierre noire, typiques du département : ceux-ci ont été rénovés il y a peu, de quoi donner un aspect neuf à cette quasi-forteresse. Le bâtiment de la communauté est en réalité une ancienne maison de maître. Elle appartenait autrefois à une colonie de vacances. Et depuis 50 ans, les descendants de La Famille, ceux qui ont suivi Vincent Thibout dans son deuxième rêve de créer en France un kibboutz à l'israélienne après l'échec de Pardailhan, vivent ici. L'ensemble est imposant : on y trouve une grande bâtisse, un grand terrain, et un atelier, coupé en deux constructions, dont l'une a été érigée récemment, floquée du logo du conseil régional. L'entrée de la bâtisse est intrigante : côté rue et côté parking, on trouve deux grandes portes cochères en bois, lesquelles attisent la curiosité. La façade, crépie d'un beige-rose pâle, est ornée de jolis volets bleu turquoise.

Comme à Pardailhan, Vincent Thibout voulait créer ici un village autosuffisant, basé sur l'agriculture. En Haute-Loire, on a finalement choisi le textile, *via* la société Interstyl. Celle-ci s'est implantée dans le département à l'initiative d'Albert Thibout. Ce dernier n'a pas tardé à prendre le relais du prophète Vincent, en manque d'influence. Son image avait été écornée par l'échec du premier kibboutz, et les difficultés économiques liées à son projet agricole n'étaient pas tenables sur le long terme. Albert, lui, a construit progressivement une entreprise, aujourd'hui reconnue internationalement. Comme l'indique son site internet, la société Interstyl, également baptisée « Les Ateliers de Boissiers », est une « entreprise familiale depuis trois générations ». « Interstyl conçoit, réalise et produit des vêtements de maille haut de gamme pour le marché de luxe vestimentaire. Tous ces produits sont exclusivement fabriqués sur son site en France », ajoute-t-on. On précise que l'entreprise a été créée à Paris en 1966, avant de s'implanter en Auvergne en 1972. La société revendique aujourd'hui avoir acquis une « culture de la maille » qui lui permet d'être « une des rares entreprises textiles de France entièrement intégrée, proposant à ses clients un produit exclusivement français ». Au sein de l'atelier textile, les méthodes de travail ont toujours été très traditionnelles, de la bobine de fil jusqu'au vêtement fini. Tout est fait main. Pas d'automatisation ou presque. Ses clients sont prestigieux (Balmain, Barbara Bui, Carven, Catherine André, Exemplaire, Chacok, Stefan Green, Molli). Tout est *made in France*, hormis les matières premières, importées d'Italie.

À notre arrivée sur place, un homme, semblant être membre du kibboutz, se dirige immédiatement vers nous. Comme si accueillir un inconnu ici n'était pas commun.

Car, si le bâtiment de vie de la communauté est fermé au public, la deuxième partie de l'atelier Interstyl est plus accessible, dans une construction neuve, située à l'extérieur, de l'autre côté d'un petit chemin de campagne. La discussion tourne vite court. L'homme, 40 ou 50 ans, ne veut pas parler aux journalistes. Il veut « vivre en paix », loin de ceux qui « déforment leurs propos ». Les expériences précédentes de la communauté avec les médias (des articles du *Parisien* et du *Progrès* ont été publiés) n'ont, selon lui, pas été satisfaisantes. Un jeune homme, dénommé Simon, le rejoint et tient le même discours. Puis un troisième, et un quatrième, comme sortis de nulle part. « Ce n'est pas contre vous, et je vous le dis gentiment, mais on veut être tranquilles », souffle-t-on, sans hostilité pour autant. Résignés, nous décidons de quitter les lieux. Quand, tout à coup, une dame, vêtue de noir, nous interpelle, après avoir interrogé les autres sur notre identité. « C'est vous Monsieur Jacob ? » La septuagénaire fait référence à un échange d'e-mails, que nous avions eu lors de nos investigations avec un membre du kibboutz pour tenter de l'interroger. Nous répondons par l'affirmative, que nos intentions ne sont pas mauvaises, que nous souhaitons juste comprendre comment ils fonctionnent. Ce à quoi la dame en noir commence à répondre. Puis, contre toute attente, elle nous invite à boire un café, à l'intérieur de leur maison si atypique.

Nous entrons, non pas par l'entrée principale, mais par les cuisines, communes, de l'immense bâtisse. Un cuisinier est en train de préparer le repas de midi. Au menu : salade, feuilleté, ananas. Tout est organisé comme dans une cantine. Les cuisines laissent place à un hall carré, à la décoration façon vieil hôtel de campagne, moquette au sol, et à une salle commune. La pièce, entièrement vitrée, est rustique, meublée par des tables et chaises en bois. Les rideaux sont tirés et ne permettent pas de voir le grand terrain extérieur de la propriété. « C'est ici que nous prenons les repas », décrit la dame. Elle nous apprend qu'elle s'appelle Chantal. Il s'agit de Chantal Fert, mère de Joël Fert, l'une des cheffes de la communauté de Malrevers après la mort d'Albert Thibout, dans les années 1990. Son fils, *look flashy*, lunettes rondes, est aussi présent, mais se met volontairement très en retrait. « Je ne veux pas trop parler, j'ai déjà trop parlé et cela s'est mal passé », confie-t-il. Une dame, mère de famille elle aussi, nous sert le café. Nous sommes entourés d'une dizaine de membres. L'ambiance est unique car on se sent scruté, observé. Chaque mot compte et pourrait risquer d'inquiéter nos hôtes éphémères et les refermer aussitôt. Essayant, à nouveau, de prouver notre bonne foi, la discussion dérive, sans vraiment le vouloir, sur l'éducation des enfants. Pour les membres du kibboutz de Malrevers, le message est très clair : il est nécessaire d'avoir un cadre puissant face à la société et ses dérives. « Quand on voit les violences, les rixes, les bagarres, les challenges sur les réseaux sociaux, cela fait un peu peur », confie le jeune Simon. « À l'école de Malrevers, ils ont rappelé à l'ordre les parents contre la violence ! » s'étonne une mère de famille.

Ce cadre puissant tient grâce à une spiritualité judéo-chrétienne inculquée par Vincent Thibout, bien loin des idéaux jansénistes et convulsionnaires. Pourtant, notons-le, à notre visite à Malrevers, il n'y a aucun signe ostentatoire dans les pièces qui nous ont été montrées. Pas de croix, pas de texte. Tout est sobre. « La croyance, c'est quelque chose de privé, on n'en parle même pas entre nous », fait valoir Joël. « On est des hommes, des femmes du monde, là pour construire une belle vie », abonde Chantal. Le jeune Simon, lui, est réticent à parler, estimant que les croyances religieuses relèvent du domaine privé et ne doivent pas être relayées dans la presse. Mais tous reconnaissent qu'elles leur ont donné des valeurs, une éthique, que ce soit dans la vie de tous les jours ou dans le travail (et le fonctionnement de l'entreprise Interstyl). Comme l'indique le site du kibboutz (différent de celui de l'entreprise), les membres « essaient de construire une vie de partage à l'exemple de celle des disciples de Jésus. Leur religion propre s'appuie sur les enseignements universels révélés au peuple d'Israël par Dieu sur le mont Sinaï, et dont la finalité est "Que ton frère vive avec toi". Chacun de nous est donc invité à vivre cet idéal dans la joie et l'amitié », décrit-on.

Des discussions avec d'anciens membres du kibboutz nous ont permis de comprendre quelles étaient, plus précisément, les croyances de la communauté de Malrevers. On est à mi-chemin entre judaïsme et christianisme. Du vendredi soir au samedi soir, ces croyants font le shabbat juif. Ils effectuent une prière spéciale pour rentrer dans ce « jour chômé », puis une autre le samedi pour en sortir. Les règles sont sensiblement les mêmes que ce qui se fait dans la religion juive : pas de travail, pas de course, pas d'effort, et pas de lumière. Les fidèles s'adonnent alors à l'étude des textes religieux, essentiellement juifs. Parallèlement, et c'est une curiosité notable, on fête aussi le Nouvel An, Noël, Pentecôte, Pâques. Tout en célébrant Yom Kippour, ou Jour du Grand Pardon. Leur partie chrétienne croit dans les enseignements de Jésus, ne faisant aucune différence entre Ancien et Nouveau Testament. « Il n'y a qu'un seul livre », précise-t-on en interne. « Nous partageons les repas, l'éducation des enfants, le travail et les ressources matérielles. Cette vie nous épanouit par la recherche du bien-être de l'autre », explique-t-on à Malrevers. Et si la prière se fait encore tous les matins, la religion n'est pas l'objectif principal – celui d'être heureux est bien plus important. Au cimetière de la commune, les tombes de la communauté sont ornées d'une étoile de David, au milieu de laquelle a été dessinée une croix chrétienne.

Ces valeurs judéo-chrétiennes poussent les habitants à éduquer les enfants de manière stricte, pour en faire, selon eux, des gens meilleurs. Et les préparer à affronter le monde plus tard, tout autant qu'à pouvoir éduquer leurs propres enfants dans le futur. « Je crois qu'on a trop souvent laissé des parents se débrouiller tout seuls, sans armes », commente Chantal. Les jeunes de la communauté vont donc à l'école à Malrevers : deux sont en primaire et sont « de très bons éléments », assure-t-on. Plusieurs autres sont au collège, au 6e et en 3e. « On nous dit qu'ils sont très bien élevés, ce sont de bons éléments », se félicite-t-on, toujours dans la salle commune. Une discipline et une politesse qui rappellent, forcément, celle des enfants issus de La Famille.

Chantal, décidée à nous montrer d'autres endroits de cette belle demeure, poursuit la visite avec la nurserie. C'est une pièce baignée par la lumière, au premier étage, avec des dizaines de jouets au sol : tractopelles, voitures, poupées… tout y est ! Une dame d'au moins 50 ans, employée ici, garde les tout-petits. Ils sont seulement deux aujourd'hui. « C'est la meilleure nounou de Malrevers », décerne Chantal, qui est elle-même déjà arrière-grand-mère à 73 ans. Les petits semblent en bonne santé, même si la venue d'un être inconnu, protégé par un masque chirurgical, ne semble pas les rassurer. Outre cette pièce principale, équipée d'une belle cuisine, on trouve les couchages. Une grande peinture, représentant un dessin enfantin d'abeille, décore le mur principal de cette pièce en long. On dénombre cinq lits et, probablement au fond, quelques berceaux et landaus pour les bébés. Chaque soir, une maman de la communauté vient veiller les enfants et les faire dormir. Comme à Pardailhan, ils ne vivent pas avec leurs parents. Le jeune Simon entre dans la pièce, sa fille est présente et, à son arrivée, il la prend dans ses bras. Mais force est de constater qu'il n'a pas l'air particulièrement à l'aise avec son enfant. Le lien ne semble pas extrêmement fort entre eux. « C'est la communauté qui l'emporte », tacle un ancien.

La communauté l'emporte en effet sur beaucoup de choses à Malrevers, mais n'empêche pas l'essentiel selon eux : le bonheur. « On me dit souvent que je donne du bonheur aux gens que je croise », sourit Chantal. À notre venue, dans une période assez critique de l'épidémie de Covid-19, personne ne portait de masque chirurgical. Les membres du kibboutz rassurent toutefois : ils sont citoyens français, fiers de l'être, et ils mettent un point d'honneur à respecter les lois de la République. Leur discours patriotique est fort. D'ailleurs, pendant le premier confinement, Interstyl a mis en pause ses commandes pour les créateurs et les professionnels de la mode afin de se consacrer à la fabrication de masques de protection. « Donner une semaine d'activité de l'entreprise, c'est une goutte d'eau dans l'océan des besoins actuels. À comparer des personnels dans les hôpitaux, quels sont les risques que nous prenons ? L'économie n'est qu'un moyen, l'humain est l'essentiel », avait alors témoigné Joël, interrogé par la presse locale. Une décision prise d'un commun accord avec les 34 salariés de la société, dont certains ne sont pas issus du kibboutz. Très au courant de l'actualité, les membres ne semblent effectivement pas vivre à l'écart du monde extérieur. Lors de notre visite (qui n'avait pas été programmée), les discussions ont vite dérivé sur les bagarres entre adolescents, qui faisaient la une des journaux à ce moment-là. Les membres du kibboutz se clament si libres qu'ils font valoir leurs vacances, les voyages qu'ils font régulièrement, un peu partout en France. « On vit dans le monde », certifie l'un d'eux. Les contacts sont réguliers avec les autres membres qui vivent à Ménil-sur-Saulx ou Lamorlaye. « On les connaît, c'est notre famille », précise Chantal.

Désireux de « rendre le monde meilleur », faire en sorte que la vie du kibboutz soit « facile et agréable »… Le discours déroulé semble sans égratignures. « On vit le présent au maximum », assène-t-on. De quoi pouvoir donner envie à des personnes d'intégrer ce groupe ? « Pourquoi pas, nous sommes ouverts à tout, mais ce n'est encore jamais arrivé », affirme Chantal. C'est cette même vie, basée sur l'entraide et l'humain, qu'a voulu mettre en valeur le kibboutz sur son site internet. En s'y baladant, on y aperçoit de nombreuses images, symboles d'une vie de groupe qui semble la plus heureuse possible. Avec des détails assez poussés sur leur mode de vie. « Ce kibboutz est un lieu de vie, où chacun a sa propre valeur, et où chaque membre s'édifie pour rendre possible un vivre-ensemble fraternel. Humainement, c'est une vie d'une merveilleuse intensité! Une vie qui développe les rapports humains, l'amitié, le devoir, la générosité! Les partages multiplient les joies et entretiennent une amitié sincère. Cette vie épanouit l'homme, génère un dynamisme sans cesse renouvelé, car l'homme s'éveille au bien-être de l'autre. Nous avons une entreprise textile qui assure la vie des membres du kibboutz. La société est florissante. Cette réussite matérielle est la conséquence directe de la solidarité et la fraternité qui nous unissent. » Une perspective plus qu'alléchante. On évoque en supplément un « cadre volontairement discret », « pas motivé par la culture du secret, mais par la nécessité d'intérioriser les enseignements reçus et de les vivre au quotidien avec ceux qui nous sont les plus proches, et d'autres s'ils le souhaitent. Nous essayons de vivre ce que nous disons, car il est de la responsabilité de l'homme de pratiquer des actes de droiture et de bonté qui rendent possible le bien vivre ensemble. »

À Malrevers, plusieurs témoins font pourtant état d'un quotidien qui, au moins à une époque, a été beaucoup plus rude qu'il n'y paraît. Oubliez les préceptes de La Famille, pensez plutôt au fonctionnement du kibboutz de Pardailhan. « Au départ, le cadre de vie était atypique, mais il n'y avait rien de traumatisant », souligne un témoin. Des personnes extérieures nous ont décrit qu'autrefois, les journées ressemblaient peu ou prou à celles vécues à Pardailhan. On se levait à 5 h 30. À 6 heures, c'était la prière, dans un lieu prévu à cet effet. Une pièce sacralisée, mais très différente d'une église classique. « On n'y rentre que pour prier », témoigne-t-on. Après ces 30 à 45 minutes de devoir théologique, c'est l'heure du petit déjeuner : café pour les adultes, chocolat pour les enfants, avec un bout de pain quand ils étaient chanceux. « On ne décide pas de ce qu'on va manger », se souvient un témoin. S'ensuivent diverses corvées. La communauté, forte d'environ 70 personnes à son pic, contre 50 aujourd'hui, nécessitait de faire énormément de vaisselle du côté des adultes. Les enfants, eux, aidaient aux tâches ménagères en compagnie des femmes. Un planning tournant, selon la petite dizaine de tâches à effectuer, était établi à l'avance : les sols pour les uns, les toilettes pour les autres, etc.

La journée, à Malrevers, se déroulait de manière plutôt classique : les adultes travaillaient au sein de l'entreprise. Hommes et femmes étaient séparés. C'est toujours le cas, mais il est maintenant autorisé qu'ils soient dans la même pièce. Joël Fert, lui, travaillait sur l'atelier de tricotage, patronage et découpage, qui permettait de dessiner les habits. Un poste, exclusivement féminin, était celui des couturières, pour assembler les pièces découpées. Un autre poste de travail se chargeait de repasser et mettre sous vide les diverses créations. Une fois midi venu, toute l'entreprise s'arrêtait et allait manger ensemble, au château de Boissiers. Une prière était effectuée avant le repas, comme le veut la tradition. « Les prières rythment les repas et la journée entière », confirme un témoin. L'après-midi, c'est le retour au travail jusqu'au soir, où le schéma est peu ou prou le même que le matin : on prie, on dîne, on s'accorde tout de même quelques minutes de détente afin de discuter de la journée et de son déroulement. Avant de dormir, on retourne dans le temple pour prier. Trente à 45 minutes de recueillement sont prévues à cet effet. Les enfants, eux, sont couchés sous haute surveillance, puis vient le tour des adultes.

À la mort d'Albert Thibout, au milieu des années 1970, plusieurs témoins affirment que les choses se seraient rapidement dégradées au sein du kibboutz. L'homme a laissé, à la tête de la communauté, le jeune Joël Fert, Chantal, la mère de celui-ci, et Élie Fert. Ceux-ci auraient mis en place un fonctionnement encore plus rude qu'il ne l'était déjà, notamment en ce qui concerne l'éducation des enfants. Un système basé sur des punitions de plus en plus violentes au fil du temps, dont Joseph Fert dit avoir été la victime directe. Aîné de sa génération, il affirme que des enfants, qui avaient peur du noir, ont été « enfermés des jours et des jours dans les caves et les sous-sols ». Selon lui, il s'agit de violences corporelles, de gifles, voire de coups de poing. Ou même avec des ustensiles en tous genres : bâtons, manches à balai, triques. Une fois arrivés à l'âge de 10 ou 11 ans, les punitions devenaient « plus imaginatives », se remémore-t-il.

Puni à la cave, comme souvent, Joseph se rappelle avoir été contraint de rester immobile, bras tendus, avec une boule de pétanque dans chacune des mains. Mais au bout de quelques secondes, les muscles tétanisent, l'obligeant à faire un geste. À ce moment-là, Joël, chef de la communauté et à l'origine de ces punitions, n'aurait pas hésité à rosser le jeune Joseph à coups de bâton, dès qu'il commençait à céder en baissant les bras. Et, pourtant, ces sévices n'étaient qu'une « première version », souligne-t-on. Les punitions ont ensuite été déclinées. Le jeune adolescent était maintenu à genoux, dos droit, et prenait des coups de bâton. Sous ses genoux : des planches de gravier. Autre déclinaison : le fait d'obliger l'enfant à marcher en canard, avec les mains tendues, en tenant des boules de pétanque. Et, selon Joseph, lui-même n'avait pas commis de grosses bêtises. Il affirme que ces sévices lui étaient infligés comme de « petites corrections quotidiennes », ne se rappelant même plus pourquoi elles avaient été décidées. « C'était en fonction de leur appréciation, de leur humeur du jour », indique-t-il.

Joseph se souvient d'une anecdote qu'il qualifie de « déjantée ». En 2001, le jeune ado a été placé en pension, après une mauvaise année de 6ᵉ au collège. Il ne rentrait au kibboutz que pour le week-end. « J'ai été programmé pour être une victime. Mes années de collège ont été particulièrement terribles. Les gamins de l'extérieur avaient des codes très différents. On ne sait pas communiquer avec eux, on ne connaît pas leurs gros mots. Notre façon d'être habillé n'est pas la même. Quand on débarque en short en plein mois de janvier, ils ne comprennent pas », résume-t-il. En tant qu'aîné du kibboutz, plus âgé que ses cousins, Joseph a toujours fait sa scolarité seul. En pension, il dit avoir subi un bizutage en début d'année. « Je me suis fait choper par plusieurs gamins, avec certains lycéens. Ils n'ont rien trouvé de plus intelligent que de me foutre à poil dans la cour », retrace-t-il avec émotion. En revenant au kibboutz, Joseph a été sévèrement sanctionné. Il venait d'arriver quelque chose ? C'était forcément de sa faute. « Une sorte de punition divine », avance-t-il.

La même année, Joseph dit avoir vécu un autre événement traumatisant. Un dimanche de novembre, alors qu'il avait seulement 11 ans, il était chargé de quelques corvées. Il fallait tantôt aider les adultes à laver les véhicules, tantôt à ramasser les feuilles. Cet automne de l'année 2001, Joseph l'a fréquemment passé en compagnie de son père, malgré la distance instaurée entre eux depuis toujours. Avec lui et son cousin Daniel, 9 ans, ils devaient ramasser des feuilles dans le parc. Ces feuilles étaient ensuite regroupées dans des cartons, et un voisin paysan les laissait les vider dans un coin de son champ. Alors qu'il revenait du champ, Joseph s'est mis à se chahuter avec son cousin. « Comme deux gamins normaux », se remémore-t-il. En revenant à la maison, les deux comparses sont passés devant Joël Fert et sa mère

Chantal. Ces derniers n'ont pas du tout apprécié ces enfantillages. « Joël m'a chopé, m'a pris à part, et m'a descendu à la cave », raconte-t-il avec effroi. Les faits se sont passés avec une « telle violence » que l'enfant dit s'être retrouvé « à poil ». Roué de coups, il se souvient avoir vu Joël « mimer une pénétration avec un bâton », en lui disant : « C'est ce genre de choses-là que tu veux ? » Selon Joseph, le chef lui aurait également dit : « On va demander à tous les hommes de venir te foutre leur slip sur la tête. » Pour Joël, ce chahut entre enfants était un signe d'un « rapprochement pédéraste, un comportement inapproprié entre deux garçons », prétend Joseph. « Ce qu'il a mimé, il m'a fallu très longtemps pour le comprendre. Je ne l'ai réalisé que bien après avoir quitté Malrevers », précise-t-il. Et de pointer : « Il y avait un énorme tabou sur le sexe. Les hommes et les femmes vivaient séparés, on n'en parlait jamais. Je n'ai appris l'anatomie qu'en cours de SVT, en classe de 4e. Sinon, je l'aurais sûrement appris bien plus tard. »

Franck, cousin de Joseph et fils d'Élie Fert, l'un des leaders du groupe, a lui aussi été victime d'événements traumatisants. En 2003, alors qu'il était encore jeune adolescent (il était en 5e), l'adolescent a déposé plainte pour ces « coups » dont il a été victime par Joël Fert. Après cet événement, le conseil de la communauté a décidé d'écarter plusieurs personnes en qui ils n'avaient pas confiance : Joseph, son frère Matthieu et leur père. Joseph n'a alors que 13 ans quand il quitte Malrevers pour s'installer à Dijon. Il décide d'écrire au tribunal du Puy-en-Velay, pour révéler ce qu'il sait sur la communauté. Pendant plusieurs années, il n'aura strictement aucun retour des autorités. S'il n'a pas porté plainte pour ce qu'il avait subi, c'est qu'il voulait « passer à autre chose », et enfin « s'ouvrir au monde », brandit-il. « Je m'en suis tenu là, j'avais juste fait des écrits », expose-t-il. En 2005 ou 2006 – Joseph ne s'en rappelle plus exactement –, le jeune homme est finalement contacté par le tribunal. Il apprend à ce moment le dépôt de plainte de son cousin, mais que ses propres écrits ont été à la base de la procédure. Pour ces faits, Joël Fert sera finalement condamné en 2008 à un an de prison pour « violences habituelles envers un mineur de 15 ans », dont deux mois avec sursis et mise à l'épreuve. Il sera contraint de verser 8 000 euros de dommages et intérêts à l'encontre de Franck. Mais il aura aussi bénéficié d'un aménagement de peine qui lui a permis de continuer à travailler, malgré sa condamnation.

Joseph a tenté de se reconstruire « après » la communauté. Il se trouve qu'il était extrêmement détaché de ses parents, qui ne l'ont pas élevé et avec qui il n'a aucun lien affectif. Suite à son départ du groupe, il était « en colère » contre eux. « Mon père continuait à adopter le même mode de vie », déplore-t-il. Il a donc demandé à être placé, ce qu'il a obtenu, emménageant dans une famille d'accueil à une heure de Dijon. Après ce placement, il a appris que sa mère avait elle aussi quitté Malrevers, avec ses deux petites sœurs, afin de reformer une cellule familiale. Joseph a accepté de revenir mais, au bout de deux mois, il s'est, là aussi, rendu compte que ses parents n'avaient rien changé par rapport à leur vie au sein du kibboutz. Il a de nouveau demandé à être placé, choisissant de couper les ponts pour de bon afin de vivre sa vie autrement, à sa manière.

À Malrevers, la vie a continué. Les anciens membres nous peignent une communauté extrêmement soudée autour de Joël Fert, une figure charismatique, puissante et, surtout, intelligente. À l'époque de Joseph, seul cet homme dirigeait. Aujourd'hui, le kibboutz se donne un « visage démocratique avec votes à main levée, avec un groupe de personnes au conseil », confie Lilian. Le schéma est bien différent d'il y a quelques années. Des départs ont lieu, et ce, sans exclusion. Les membres ont Internet, Facebook, le téléphone. « Tout est un peu moins brutal », susurre-t-on en interne. Lors d'un départ, une aide financière est octroyée pour bien démarrer sa future vie. Cela a été le cas pour le cousin de Joseph, Daniel. En revanche, ce dernier n'aurait pas eu le droit de contacter ou de voir ses parents, malgré le cancer dont a souffert sa mère.

En 2019, Joseph a, lui, décidé de renouer pour la première fois depuis 17 ans avec ses parents. Avant de repartir, il en a profité pour passer du côté de Malrevers, afin de revoir Joël, son bourreau. « J'étais dans une démarche de recherche de réponses, afin de comprendre », explique-t-il. Leur entrevue a duré près de deux heures, mais a tourné au dialogue de sourds, selon lui. « Je lui ai parlé de la consanguinité, et il m'a dit qu'il en rigolait avec le maire, que vu que le mariage homosexuel est autorisé, personne ne devrait les "emmerder" lorsqu'ils se marient entre cousins », assure-t-il. Déçu de ne pas avoir eu de discussion « d'homme à homme », cette histoire lui a laissé un goût amer. Concernant les sévices qu'il aurait fait subir à Joseph, Joël nie fermement. « Il dit que c'est faux », déplore-t-il. L'intéressé affirme avoir payé pour ce qu'il a fait à son cousin, et prétend que Joseph se serait inventé une histoire pour se venger. « Quand il est venu, il était très agressif, il voulait en découdre », souligne Chantal. Pour cette dernière et Joël, Joseph n'a pas eu une enfance si malheureuse au sein de la communauté. Simon, âgé de quelques années de moins que lui, ne se souvient pas non plus de quelqu'un avec un tel mal-être dans le groupe. Certes, Joseph, son frère et son cousin étaient turbulents, pas toujours faciles à gérer, mais rien de plus. « Ils auraient dû partir plus tôt s'ils étaient si tristes », souffle-t-on. Joël ajoute que dans le cadre de l'affaire sur les sévices envers Franck, une enquête sociale a été diligentée au sein de la communauté. « Ils sont venus pour voir si les autres enfants avaient vécu la même chose », informe-t-il. Or, selon lui, les services sociaux n'ont rien trouvé de répréhensible. Il n'y a « pas lieu d'instituer une mesure de protection à l'égard des enfants, dès lors que les éléments rapportés ne révélaient pas de situation de danger », avaient-ils conclu, courant 2007. Joseph, lui, ne s'interdit pas de relancer une procédure, déçu de ne pas avoir été reconnu comme une victime des agissements présumés de Joël Fert.

Comme dans La Famille, à Malrevers, les enfants grandissent dans un cocon bien différent de celui du reste de la société. « C'est assez terrible. On n'a pas le droit d'avoir un quelconque attachement avec nos parents. C'est assez destructeur. Mes parents, en fin de compte, je n'en ai pas grand-chose à faire », regrette Joseph. Lilian, qui a aussi vécu à Malrevers plusieurs années après Joseph, dit avoir eu la même expérience. « Ce n'est pas que vos parents ne vous aiment pas. C'est qu'ils n'ont pas ce lien qui ne peut pas se construire alors qu'on vit en groupe, constamment. » En fin de compte, cette branche satellite de La Famille aurait, pour certains, anéanti le lien familial. Ce qu'eux-mêmes démentent fermement. « Au contraire, ici, vous êtes élevé par une communauté soudée, avec bienveillance et amour », argue-t-on.

Selon Joseph et Lilian, les mœurs ont tout de même bien évolué à Malrevers. La condamnation de Joël Fert a permis une prise de conscience en interne, même s'il reste l'une des têtes pensantes du groupe. Le maire de la commune, Gilles Oger, affirme qu'il n'y a « rien à rajouter » vis-à-vis des condamnations qui ont été prononcées. À la municipalité, on se dit tout de même « touchés » par ces événements, que l'on est très loin de cautionner. On ne peut plus discrète, la communauté semble faire peu de vagues localement. Pour lui, ce qui se passe au sein de la communauté relève du privé. « Ils ne posent aucun problème. Quand vous rentrez chez vous, que vous fermez la porte, personne ne sait quelle relation vous avez avec votre famille, vos enfants, votre épouse », soutient-il. Le maire dit « comprendre » le désir de discrétion de ce qu'il appelle la « congrégation ». Quant aux relations avec Joël Fert, elles sont très cordiales. « On ne parle pas d'eux au village », certifie-t-il. Même chose à Boissiers, le lieu-dit où ils habitent. L'édile dit n'avoir jamais eu encore à prononcer de mariage, s'étonnant que des unions puissent être célébrées en interne dans le kibboutz. Et pour cause : dans la petite communauté de Boissiers, la consanguinité est une loi. « Toute la génération de mes parents est mariée entre eux. Mes parents sont cousins », certifie Joseph. Des échanges ont toutefois eu lieu entre les communautés de Ménil-sur-Saulx et Lamorlaye. En revanche, aucun problème lié à cette consanguinité ne nous a été rapporté.

Sur le site internet de la communauté, des témoignages de membres ont été exposés. Comme pour jouer la transparence sur leur vécu. « La relation proche avec l'autre et le partage permanent nous façonnent et révèlent une richesse jusqu'alors enfouie », témoigne David. « Chacun, par sa richesse particulière, enrichit le groupe. Et dans le travail, quel bonheur ! Pas de concurrence, pas de rivalité ! » décrit Rachel. Isabelle, elle, met en avant « la convivialité, l'entraide et le partage ». « Ce n'est pas un mouvement, mais surtout du mouvement ! Une maison où chacun est pris en compte et partage ses joies, ses peines, sa vie finalement. Merveilleux pour les enfants, le paradis pour les parents ! » renchérit Luc. Et Céline, Gaëlle et Ilan de conclure, catégoriques : « On est joyeux, on rit bien, on a des tonnes de projets ensemble, on s'entraide, on joue… Quand on n'y arrive pas, les autres nous aident ! Tout est à nous et aussi aux autres, on apprend le civisme au collège, et ici on le vit ! »

Le kibboutz constituerait-il un idéal de vie communautaire ? Chantal ne le nie pas : au début, le groupe était « totalement fermé », à l'image de La Famille parisienne. « Il est nécessaire de fermer, au départ, afin de fédérer des gens autour d'un projet », abonde Joël. Avant d'ouvrir le tout, quelques années plus tard. On sent, du côté des membres, que cet entre-soi a causé quelques dommages à un moment donné. « Ce n'était pas forcément bon pour nous et pour les enfants de se fermer », admet-on. Chantal, elle, a par exemple été à l'école à la maison. Joseph, lui, a été scolarisé au sein du kibboutz jusqu'au CM2. En vase clos, reconnaissent les membres, des erreurs ont été commises et la fermeture à l'extérieur n'était « pas la bonne solution ». Une erreur qu'ils assurent avoir rectifiée depuis la condamnation de Joël.

Alors, aujourd'hui, quelles sont les relations entre La Famille et Malrevers ? Celles-ci semblent parfaitement inexistantes, le kibboutz étant né, rappelons-le, d'une scission avec Paris. Scission qui renie tous les préceptes défendus par l'oncle Auguste. Un membre de la branche parisienne, sous couvert d'anonymat, s'agace d'ailleurs de leur mode de vie. « Ils ont fui le monde pour vivre en vase clos, alors que La Famille DOIT être exposée au monde et être imperméable aux tentations. C'est trop facile sinon », déplore-t-il. « Nous ne sommes pas censés vivre cachés pour vivre heureux. Ce serait comme un résistant en 1944. Les gens de La Famille se mélangent au monde, s'exposent et prennent des risques ! Nous résistons à la fornication, aux pertes des valeurs », fait-il valoir. Et de conclure : « Malrevers et les autres, nous sommes contre car ils cherchent la facilité. On ne nous a jamais demandé de fuir, mais au contraire de combattre. Il est acquis que résister à la tentation au fin fond de la campagne est plus simple que de le faire à Paris. Nous sommes censés résister ! Et nous préserver. »

À Malrevers, on estime que la communauté parisienne a tout d'un fonctionnement sectaire. « Attendre l'apocalypse ? Nous n'attendons pas ça, ou la fin du monde, nous cherchons à construire une vie ensemble, avec ceux qu'on aime », affirme Chantal. Eux ne comprennent pas que l'on scolarise les enfants à l'école publique pour finalement les empêcher de parler aux enfants hors de La Famille. Ils ne comprennent pas non plus de vivre « à côté » du monde. « Mais pour conclure, on ne les connaît pas vraiment », admet-on également.

Et si on s'ouvrait ?

Bien après les tentatives de Richard d'alerter la Miviludes sur les présumées dérives sectaires de La Famille, des anciens membres, proches de ce lanceur d'alertes, ont créé une page Facebook dédiée à la communauté, en janvier 2020. Une façon pour les « anciens cousins » de se réunir, de se retrouver parfois, quand certains ont quitté le groupe pour aller vivre à l'autre bout de la France (ou du monde, des témoins faisant état de personnes vivant en Indonésie, au Vietnam ou au Sri Lanka). Une façon aussi de se libérer de « l'omerta » qui régnait depuis tant d'années. Sur cette page, des centaines de textes, datant, pour la plupart, de l'époque de François Bonjour, ont été publiés. Des cantiques dont nous nous sommes servis pour l'écriture de ce livre, qui permettent de mieux cerner pourquoi les personnes de La Famille agissent de telle manière dans telle situation. Sur cet espace de libre discussion, les anciens membres s'écharpent avec les actuels, lesquels défendent bec et ongles l'intégrité de la communauté. Quand les uns assurent qu'il s'agit d'une secte, les autres affirment qu'il y a bien pire ailleurs. Quand certains dénoncent la consanguinité et ses ravages, d'autres la contestent fermement. Au départ, les membres de La Famille ont bien tenté de faire pression pour faire fermer cette première exposition au public… sans succès. L'une d'elles, sous un pseudonyme anonyme, avait posté, dès février 2020 : « Plus vous vous battrez pour cette cause, plus on sera puissant, sachez-le. L'amour et la croyance que l'on a sont plus forts que tout. Plus forts que tout. La personne qui a créé cette page est tout simplement le diable. Et on en a tous conscience. Il ne nous fait pas peur, je le répète, notre union est inébranlable. »

Si cette page a été créée, c'est surtout pour dénoncer la fermeture de La Famille au monde extérieur. À chaque post, l'administrateur de la page s'insurge que ce choix, décidé par l'oncle Auguste, n'ait aucune justification religieuse. Pour ces personnes, cette fermeture est la cause de tous les maux. « Pour faire bouger les choses, il fallait qu'on soit plusieurs, et c'est ce qu'a permis cette page Facebook. Le but, c'est l'ouverture de La Famille », confie Clotilde, parmi les initiatrices de cette page. « Notre but n'est pas de dire que la religion est mauvaise, mais que des changements ont été faits du jour au lendemain par des hommes, qui se sentaient pourvus d'une mission, se saoulaient du matin au soir. Ils se sont cachés derrière cela », déplore-t-elle. « Ce que l'on veut, c'est l'ouverture », abonde Fabienne, également aux origines de la création de cet espace de discussion. Marie, ancienne membre de La Famille, accueille elle aussi la médiatisation avec positivisme : « Pour eux, c'est déjà une ouverture. Savoir comment cela se passe à l'extérieur, c'est important. Il y a eu quelques évolutions depuis quelques années : la nouvelle génération a Internet par exemple. C'est une bonne chose. » Même son de cloche du côté d'Edwige : « La Famille a évolué, y compris le noyau dur. Sur l'ouverture, cela semble possible. Beaucoup de gens ont un pied dedans, un pied dehors. »

Et si on s'ouvrait ?

Si La Famille s'ouvrait du jour au lendemain, en laissant ouvertement à ses membres le droit de se marier avec quelqu'un de l'extérieur, peut-être que disparaîtrait ce que certaines personnes lui reprochent. « C'est un impératif qui s'inscrit dans l'ère du temps, débute Patricia. L'ouverture permettrait déjà de diluer ce problème de consanguinité qui mine des familles et rend la vie difficile aux parents. Ensuite, elle donnerait une vue plus ouverte sur le monde aux enfants, car les petits n'ont pas aujourd'hui une vision véridique de ce qu'il s'y trame. Et enfin, cela permettrait à chacun de vivre sa religion comme il l'entend, en ayant moins de pression. » Mais, poursuit notre témoin, « les traditions qui soudent notre groupe auraient tendance à s'étioler. C'est déjà le cas depuis que la tolérance est de mise pour les plus jeunes. »

Maël, partie intégrante de La Famille, sait que le « système » de la communauté pourrait intéresser des personnes de l'extérieur. « Je ne suis pas forcément d'accord avec le fait de fermer, d'interdire plein de choses », ose-t-il. Il s'avance même, laissant la porte ouverte à une potentielle ouverture. « Il n'y a pas de chef chez nous, alors c'est un truc qui évoluera peut-être », affirme-t-il. Le jeune homme cite l'exemple d'une jeune fille ayant eu une relation sexuelle avec quelqu'un hors de La Famille. « Comme sa fille n'aura pas le nom de son père, cela passera », certifie-t-il, même si aucun exemple concret de ce type n'a été porté à notre connaissance. Les membres actuels maintiennent que les gens de l'extérieur restent majoritairement honnis, hormis de rares exceptions. « Le problème, ce sont les noms. Mais je ne suis pas forcément d'accord avec cela, martèle Maël. Après tout, ce ne sont que des noms. Peut-être que dans cinq, 10, 20 ou 30 ans, cela changera. » Gilles aussi estime une ouverture « possible ». « On peut l'espérer avec la médiatisation. Quoi qu'on en dise, et même si de nombreux membres se disent plus forts que ça, en brandissant des prétextes apocalyptiques pour prédire cette mise en avant, celle-ci a fait des remous. Ça parle de plus en plus. Ça se questionne, cela infuse. Cela aura forcément un effet d'ici quelques mois ou années », prédit-il. Toutefois, la majorité de nos interlocuteurs jugent impossible quelque changement que ce soit sur cette règle majeure qui régit La Famille depuis plusieurs générations. S'il semble parfois fissuré, le Bocal est donc encore loin de voler en éclats.

La Famille face à sa médiatisation

La création de la page Facebook dédiée à La Famille, au début de l'année 2020, a taillé une brèche dans le secret et l'anonymat relatifs à la communauté. La télévision publique avait évoqué le kibboutz de Pardailhan en 1963, un sujet évoqué ensuite en 2017 par France Culture, dans une émission parlant d'une « communauté parisienne ». Mais c'est bel et bien une enquête du journal *Le Parisien* qui a rendu publiques les us et coutumes du groupe francilien. *Le Figaro* s'en est ensuite fait l'écho en enquêtant à nouveau sur cette mystérieuse famille. Avant que d'autres médias ne suivent. Pour la communauté, cette médiatisation a eu l'effet d'une bombe. D'abord, sur la page Facebook, les débats ont été houleux entre anciens et actuels membres quant à savoir si ce phénomène était attendu, prévisible ou non depuis des années. « Comment expliques-tu que nous avions été prévenus depuis très longtemps (écrits, confessions datant des années 1900) que nous serions persécutés et que certains chercheraient à nous nuire ou à nous faire douter ? […] Je ne vous en veux pas, c'était prévu et je n'ai pas à rentrer dans un débat argumentaire », défend l'un d'eux dans un post, qui sera supprimé par la suite.

Comme nous l'avons expliqué dans la partie historique de cet ouvrage, les ancêtres de La Famille, jansénistes et convulsionnaires, ont été persécutés une bonne partie de leur existence. Honnis par la royauté, opposés aux jésuites, ils n'ont jamais été majoritaires et ont été contraints de se cacher. Le comportement « secret » des membres de La Famille n'est donc qu'une suite logique des choses. Au même titre que les Témoins de Jéhovah, qui se servent de chaque événement dramatique du monde – la crise sanitaire étant le dernier en date – pour brandir la menace des « derniers des derniers jours », La Famille voit sa médiatisation comme un signe de l'apocalypse à venir. Un jour, les fameux cousins seront persécutés, et la fin viendra. Pour Jonathan, tout cela était « prédit » depuis le début. « Nos discours, nos prophéties disent qu'à la fin, on est censés être montrés du doigt et pourchassés. C'est l'Histoire qui va avec. On le savait », s'avance-t-il. Inquiet de ne « plus être tranquille », le jeune homme craint de ne « plus pouvoir se réunir sans qu'un mec se pointe à la porte pour faire des photos ». « On veut être peinards, on ne fait rien d'illégal », martèle-t-il. Sans pour autant brandir un quelconque désir de révolte. Car La Famille, c'est aussi une ode à la soumission. « Il se passera ce qu'il se passera. On n'a pas à se révolter. »

« La Famille perçoit très mal la médiatisation », analyse de son côté Arnaud Boland, à la vision plus complète puisqu'il a eu un pied dans la communauté, et un autre à l'extérieur pendant de nombreuses années. « Le risque avec tout ceci, c'est un resserrement des rangs, une fermeture totale, pas peur du monde extérieur. C'est certain, ils vont se fermer encore plus », prévoit-il, alerte. Patricia craint également ce processus. « J'ai encore quelques contacts avec des personnes qui sont proches du noyau dur. Et on sent que la méfiance s'est installée chez tout le monde. Le groupe est toujours soudé, mais il y a eu, ces derniers mois, une volonté de repérer et soumettre les parias, ceux qui ont parlé aux médias », confie-t-elle. Un repli plutôt logique, sachant que cette exposition au grand public est toute nouvelle pour ce groupe fermé. Les personnes de La Famille, en effet, refusent d'être des porte-parole. « On ne veut pas que d'autres gens adhèrent à notre communauté, assène l'un d'eux. Notre rôle est très précis, et ce n'est pas de convertir d'autres gens. La mission, c'est de prier pour que les juifs se convertissent au christianisme. »

Aux yeux de La Famille, cette exposition est un symbole de persécution. « Avoir ouvert une page Facebook, avoir médiatisé ce groupe. C'est, pour eux, un symbole que la fin des temps approche », atteste Clotilde. Mais Gilles l'admet, ce processus a permis de « briser l'omerta ». « J'aime cette médiatisation. J'en ai toujours parlé depuis mon plus jeune âge, on ne m'a jamais cru. On m'a pris pour une mythomane. C'est un juste retour des choses », souligne Fabienne. Marie, elle, prie pour que cette exposition permette à ces personnes de faire « plus attention à la consanguinité, afin de faire des mariages plus éloignés ». « J'espère que cela leur fera prendre conscience de certaines choses », dit-elle, tout en craignant que certains n'enlèvent leurs enfants des écoles et, là encore, se replient. « Il n'est pas non plus impossible qu'un illuminé puisse, un soir de beuverie à la Soupe ou ailleurs, avoir des visions annonçant des mesures encore plus restrictives », craint Fabienne. Une élucubration toutefois démentie par nos témoins de l'intérieur, qui évoquent une vision « datée » de Fabienne.

Secte ou pas secte ?

Peut-on considérer la communauté religieuse La Famille comme une secte à proprement parler ? Notons d'abord qu'aucune organisation n'admet jamais d'elle-même qu'elle est une secte. Personne n'accepterait d'intégrer une organisation sectaire en étant conscient de ce côté toxique. La définition commune, admise, du *Larousse* décrit la secte de plusieurs manières, que voici : « Groupement religieux, clos sur lui-même et créé en opposition à des idées et à des pratiques religieuses dominantes » ; « Ensemble de personnes professant une même doctrine (philosophique, religieuse, etc.) » ; « Clan constitué par des personnes ayant la même idéologie ». De prime abord, on pourrait donc croire que La Famille peut être considérée comme une secte : plus que jamais, il s'agit d'un groupe religieux clos sur lui-même. Il tend à s'opposer aux idées et pratiques religieuses dominantes, avec ses propres coutumes (même si les membres se définissent comme chrétiens, ou apostoliques non romains).

Sur son site internet, le gouvernement caractérise par ailleurs la dérive sectaire comme un « dévoiement de la liberté de pensée, d'opinion ou de religion qui porte atteinte aux droits fondamentaux, à la sécurité ou à l'intégrité des personnes, à l'ordre public, aux lois ou aux règlements. » Celui-ci ajoute qu'elle « se caractérise par la mise en œuvre, par un groupe organisé ou par un individu isolé, quelle que soit sa nature ou son activité, de pressions ou de techniques ayant pour but de créer, de maintenir ou d'exploiter chez une personne un état de sujétion psychologique ou physique, la privant d'une partie de son libre arbitre, avec des conséquences dommageables pour cette personne, son entourage ou pour la société ». Car effectivement, il n'existe aucune définition juridique de la secte en droit français, comme il n'en existe aucune de la religion.

Le fait sectaire a été largement abordé par une commission d'enquête de l'Assemblée nationale, en 1995. Jacques Guyard (PS), député de 1981 à 2002, en était alors le rapporteur. Constatant l'expansion insidieuse du phénomène dans tout l'Hexagone, l'ex-maire d'Évry avait, avec ses homologues, défini la dérive sectaire de la façon suivante : « Groupes visant par des manœuvres de déstabilisation psychologique à obtenir de leurs adeptes une allégeance inconditionnelle, une diminution de l'esprit critique, une rupture avec les références communément admises (éthiques, scientifiques, civiques, éducatives), et entraînant des dangers pour les libertés individuelles, la santé, l'éducation, les institutions démocratiques. Ces groupes utilisent des masques philosophiques, religieux ou thérapeutiques pour dissimuler des objectifs de pouvoir, d'emprise et d'exploitation des adeptes. » Les élus de la République avaient ainsi défini un faisceau de 12 indices permettant de déceler une possible dérive sectaire.

Le premier faisceau est la déstabilisation mentale. Y a-t-il une déstabilisation mentale à faire partie de La Famille ?

C'est fort probable. La place de la religion est censée être au centre des croyances et des actions effectuées par les membres, qui vivent de façon à respecter ces préceptes le plus possible. L'emprise exercée sur certains membres qui voulaient quitter le groupe a été telle qu'elle a pu gâcher des existences entières. La réalité a tendance à être systématiquement remodelée, pour servir les intérêts religieux du groupe. La crise sanitaire ? Les tensions internationales ? Elles sont perçues comme étant normales, car la fin du monde est proche. Cette rhétorique millénariste plane telle une épée de Damoclès au-dessus de la tête des membres, lesquels vivent pourtant bien plus normalement que dans certaines communautés réputées sectaires, comme les Témoins de Jéhovah.

Autre marqueur majeur de la dérive sectaire, l'embrigadement des enfants est également systématique, comme expliqué dans le chapitre attenant. Les jeunes sont en général « sous contrôle », de la naissance jusqu'aux études. À l'école, pas question de trop fraterniser avec les gens de l'extérieur. Quant aux études, celles-ci sont influencées par les croyances historiques injectées par l'oncle Auguste. À cet embrigadement s'adosse un véritable discours antisocial, symbolisé par une diabolisation totale de l'extérieur, peint comme vicié. Seul le groupe est bon et détient la vérité. Les autres sont le mal, il ne faut pas les rejoindre sinon vous serez perdus pour toujours. Pour autant, au-delà de cette forte emprise psychologique exercée par les cousins, pas question de retenir *ad vitam aeternam* les membres. Ils sont nombreux à être parvenus à partir. Mais parfois avec des conséquences importantes, n'ayant jamais eu de vrai contact avec les gens du monde.

Si ces cases semblent cochées, en revanche, La Famille ne remplit pas tous les critères de la dérive sectaire. La plupart des groupes sectaires, à l'image de la Scientologie ou de nombreuses Églises évangéliques, ont des exigences financières exorbitantes à l'encontre de leurs membres. Dans la communauté parisienne, c'est quasiment l'inverse. Si les quêtes existent pour aider les cousins, celles-ci restent sur la base du volontariat, sans exercer de pression sur ceux qui ne donnent pas ou n'en ont pas les moyens – et ils sont nombreux. L'objectif n'est pas de piller les individus au nom d'une quelconque croyance. Le groupe est au contraire soudé par une étonnante et fort louable solidarité, qui pourrait faire saliver bon nombre de défenseurs d'un conservatisme social cher à l'ancien Premier ministre québécois Maurice Duplessis (mais sans Église, fermement détestée par La Famille !).

Les atteintes à l'intégrité physique des individus restent particulièrement casuistiques. S'il était dans la tradition des convulsionnaires de s'adonner à différents rites douteux, ce n'est plus le cas de La Famille. L'oncle Auguste observait des convulsions, mais n'incitait pas à la violence. Au contraire, le mantra du mouvement est de subir. Alors oui, nous avons décrit tout au long de cet ouvrage bon nombre de faits, allant des violences physiques et conjugales aux agressions sexuelles. Mais à aucun moment les cantiques familiaux n'appellent à l'atteinte à l'intégrité physique. Il s'agit le plus souvent de l'œuvre de patriarches à tendance alcoolique. De pères de famille un peu violents, qui vivent avec 50 ou 70 ans de retard sur les us et coutumes de notre génération. Mais rien de véritablement institutionnalisé dans les préceptes eux-mêmes de la secte. Peut-être, entre anciens de La Famille, disait-on qu'il fallait « dresser » sa femme pour la mettre au pli, ainsi que les enfants. Mais rien n'était vraiment édicté, sous le sceau de la religion. Et si l'atteinte à l'intégrité physique des individus n'est pas systématique, cela empêche pas ces faits-là d'être graves, voire dramatiques, d'avoir détruit plusieurs existences. D'autant plus que la justice, elle, n'a jamais rien pu y faire, les victimes étant incitées à ne pas se manifester pour préserver l'unité du groupe.

Ensuite, les groupes à caractère sectaire peuvent causer des troubles à l'ordre public. Comme l'indique l'article 10 de la Déclaration des droits de l'homme : « Nul ne doit être inquiété pour ses opinions, même religieuses, pourvu que leur manifestation ne trouble pas l'ordre public établi par la loi. » Si des sectes, par le passé, ont pu causer de tels troubles – c'était le cas des ancêtres convulsionnaires, qui s'adonnaient à leurs rites près de la tombe parisienne du diacre François Pâris –, La Famille va totalement à l'encontre de ce principe. Le but est justement d'être le plus discret possible. Pas d'épanchement des croyances dans la rue, pas de vague, pas de mot plus haut que l'autre. Non, au contraire, le secret est un totem. Pas question, donc, de troubler l'ordre public. « Il s'agit d'une organisation tout à fait atypique car elle est à la fois totalement fermée et séparée des autres par ses croyances, mais surtout par le lien du sang qui unit chaque membre, et en même temps ceux-ci sont insérés dans la société au sens où les enfants sont scolarisés, les parents travaillent », note la Miviludes, sollicitée pour les besoins de l'ouvrage. « La séparation est donc relative comme c'est le cas pour les Témoins de Jéhovah, les Frères de Plymouth, les Mormons qui vivent "à côté", car il y a une barrière invisible entre eux et le reste de la société sur des fondements religieux de recherche de pureté. »

De même, on caractérise souvent les sectes comme ayant de nombreux démêlés avec la justice. Abus sexuels, détournements de fonds, fraude fiscale, violences... La liste est longue pouvant définir les agissements de gourous sectaires. Le fait que la communauté ne soit pas centralisée autour d'une ou plusieurs figures fortes empêche la centralisation de dons ou de richesses. Pas de fraude économique, donc. En revanche, le groupe étant fermé sur le monde, certains individus ont eu des démêlés avec la justice. Une conséquence de l'isolement de certains jeunes, qui ont versé dans l'alcoolisme ou la petite délinquance comme le trafic de stupéfiants. Contactés par nos soins, les services du parquet de Paris disent être « au courant » d'une certaine récurrence des noms de La Famille dans ce genre d'affaires, dans les 11e, 12e et 20e arrondissements. Sans donner plus de détails. Toutefois, la caractéristique d'une secte est en général de poursuivre toutes les personnes qui la caractérisent comme telle. Dans les rédactions parisiennes, les sujets sensibles, sur la Scientologie ou les Témoins de Jéhovah par exemple, font systématiquement un aller-retour au service juridique, afin d'éviter quelque procès en diffamation. Mais là aussi, La Famille ne s'inscrit pas dans cette lignée. Puisqu'il faut subir, puisque cette médiatisation est une conséquence logique de l'apocalypse à venir, ceux-ci n'ont pas du tout l'intention de lancer des actions en justice. Vigilance malgré tout, la communauté n'étant connue du grand public que depuis peu.

Le très célèbre rapport Guyard sur les sectes définit aussi un groupe comme tel lorsqu'il a une tendance à détourner les circuits économiques traditionnels. On parle de travail clandestin, de fraudes ou d'escroqueries. Si aucun fait de ce type n'a été porté à notre connaissance, il y a fort à parier que les membres de La Famille utilisent un « réseau économique familial » pour s'entraider au quotidien. Car avec plus de 3 000 membres, les cousins ont à leur portée un vivier de savoir-faire précieux : on trouve énormément d'artisans, de commerçants, de métiers de service. Rendre service à son prochain, en lui octroyant des rabais sur sa profession ou son service, est donc monnaie courante. Toutefois, de là à parler du détournement des circuits économiques traditionnels ? Loin de là. Là encore, le but de La Famille est de continuer à passer en dessous des radars. Sans attirer l'attention.

Enfin, nous serons concis quant au dernier critère du rapport Guyard : l'infiltration des pouvoirs publics. Le projet rêvé de toute secte politisée est de s'étendre, d'être acceptée au même titre que n'importe quel mouvement religieux. Mais, ici, les préceptes de l'oncle Auguste entrent en collision avec cette tendance. Le patriarche a toujours prôné que ses ouailles restent humbles, travaillent de leurs mains. Les métiers intellectuels sont, depuis, plus ou moins honnis. La « culture » de ce groupe n'est pas d'être à des hauts postes décisionnaires, l'humilité devant Bon Papa étant largement prônée. En revanche, en étant très nombreux, il est certain que les membres de La Famille occupent un éventail de postes très varié. On en retrouve dans à peu près tous les corps et métiers de la société, sauf ceux qui pourraient mettre en danger leur secret.

Comme l'indiquait le rapport Guyard, un groupement n'est pas une secte si elle ne comporte qu'un des 12 indices édictés. Cependant, une dizaine de ces critères pourrait suffire à considérer un mouvement comme sujet à une dérive de ce type. Du côté de La Famille, on peut donc considérer qu'on y constate globalement une déstabilisation mentale, un embrigadement des enfants et un discours antisocial particulièrement prononcé. Mais les autres éléments semblent beaucoup moins probants, même si on constate quelques démêlés judiciaires et autres atteintes à l'intégrité physique des individus. Il n'est pas question d'exigence financière, de trouble à l'ordre public ou d'infiltration des pouvoirs publics. Il serait donc précipité de définir La Famille comme telle. Ce qui n'empêche pas le groupe de susciter maintes interrogations.

Conclusion

La Miviludes s'est attachée à nous donner une réponse claire sur l'aspect sectaire de La Famille. « On peut parler de secte au sens où la communauté partage des croyances fortes et des rituels développés en marge de l'Église catholique dont elle est séparée depuis très longtemps. Le terme de secte est habituellement chargé négativement, or, ce qui importe, c'est de déterminer s'il y a des dérives, à savoir si son fonctionnement est toxique pour ses membres, si l'appartenance au groupe conduit à une aliénation, une privation de liberté, au non-respect des lois et à des actions répréhensibles », souligne-t-elle dans une réponse qui nous a été adressée. Dans notre cas, la « spécificité de ce groupe ne permet pas de reconnaître les éléments qui constituent habituellement la dérive sectaire et notamment l'emprise mentale volontairement induite par un leader ou une équipe dirigeante ». Et de conclure : « Des préjudices liés à un abus de faiblesse ne sont pas mis en évidence. Les liens particuliers qui unissent les membres de cette grande famille ne recoupent pas non plus le fonctionnement habituel des familles, car il y a un héritage à préserver. » Il serait donc bien imprudent de considérer cette grande fratrie comme une secte, d'autant que, d'après la Miviludes, elle ne « constitue pas une menace ». Si ce n'est pour quelques-uns de ses propres membres.

Annexe : rapport Guyard

Dans le rapport daté de 1995, les députés mettaient en balance plusieurs éléments permettant de distinguer le fonctionnement « légitime » d'un groupe d'un mouvement de la « zone dangereuse ». Une liste de questions auxquelles nous avons décidé de répondre au sujet de La Famille.

Est-on dans un principe de libre association ou dans un groupe coercitif?

En ce qui concerne La Famille, on ne peut l'intégrer, ce qui limite son côté nuisible. Un enfant y est de fait associé dès la naissance. Théoriquement, n'importe qui peut, à tout moment, quitter la communauté. Attention toutefois, ce départ se fera forcément avec pertes et fracas, les personnes ayant été élevées dans une relative autarcie.

S'agit-il de convictions ou de certitudes incontournables?

Selon les foyers, on peut aller de simples convictions à des certitudes incontournables. Dans le noyau dur, les anciens de La Famille semblent persuadés de la fin du monde à venir, convaincus que les préceptes de l'oncle Auguste sont bons, que le prophète Élie viendra bientôt les chercher. Dans d'autres ménages, plus jeunes, plus ouverts, certains n'ont gardé qu'une vague croyance en Bon Papa. Une sorte de chrétienté transversale, qui n'a pas vraiment d'impact dans leur vie au quotidien.

Parle-t-on d'engagement ou de fanatisme ?

Là aussi, l'approche se doit d'être particulièrement casuistique. On ne s'engage pas dans La Famille, on y naît. Peut-on être fanatique pour autant ? Assurément, et certainement plus qu'ailleurs si le père de famille applique strictement ce que prônait l'oncle Auguste, c'est-à-dire recopier les recueils de prière, apprendre les cantiques et les étudier.

Y a-t-il le prestige d'un chef ou le culte d'un gourou ?

Ni l'un ni l'autre. Dans La Famille, il n'y a pas de chef, sauf dans les communautés satellites de Malrevers et Ménil-sur-Saulx. Personne ne dirige vraiment ou n'a de pouvoir de décision. On ne proclame pas que les choses vont se faire de telle ou telle manière. Qu'il va falloir venir plus souvent aux Cosseux, célébrer une fête qui se perdait. C'est le principe du « n'importe qui peut être prophète ». S'il quelqu'un affirme avoir eu une vision de Dieu, le groupe pourra le croire ou ne pas le croire. Son charisme jouera beaucoup dans l'influence qu'aura cette personne. Vincent Thibout a été largement suivi et a provoqué le schisme de Pardailhan. Il est devenu un gourou. Mais dans La Famille, on se protège des têtes dures, considérant que le dernier grand prophète est l'oncle Auguste.

Les décisions sont-elles volontaires ou les choix totalement induits ?

Difficile ici de donner une réponse catégorique. Il est évident que bon nombre d'enfants de La Famille ont souffert du carcan qui leur a été imposé à la naissance. Leurs choix sont donc largement guidés par la culture du groupe, qui n'est pas toujours calquée sur la culture française habituelle. C'est une culture parallèle. Aujourd'hui encore, ces choix restent induits, comme le montrent les catégories de métiers privilégiés par les jeunes de la communauté. Ce qui est important à souligner, c'est que le départ de La Famille est possible, à tout moment. Menacer ses proches d'un départ provoque souvent une réaction négative du type : « Que vas-tu faire ? Tu n'auras personne, tu seras seul, les gens sont le diable à l'extérieur, nous ne serons plus là pour t'aider. » Pour autant, on ne retient pas les gens. De manière plus générale, on peut considérer que si les membres de La Famille vivent de plus en plus en phase avec la société en général, ils restent en relatif décalage. Les choix demeurent quelque peu influencés par le groupe, et son bagage historique énorme.

Observe-t-on une simple recherche d'alternatives (culturelles, morales, idéologiques) ou une rupture avec les valeurs de la société ?

Il est évident que les croyances de La Famille sont une véritable alternative culturelle, morale et idéologique par rapport à celles de la société française. Si leur ancrage est profondément historique avec les jansénistes, les convulsionnaires et la secte de François Bonjour, le groupe met un point d'honneur à rester à l'écart de la société et de ses valeurs. Si les membres de La Famille ne veulent pas détruire la société, certains la méprisent profondément, la jugeant viciée, la peignant comme le Mal. S'il y a eu rupture avec cette société, c'était justement car l'oncle Auguste la détestait. Il y a d'ailleurs fort à parier que la libération des mœurs inhérente aux XXe et XXIe siècles l'aurait renforcé dans sa doctrine de repli et de recherche d'autarcie.

Y a-t-il une appartenance loyale au groupe ou une allégeance inconditionnelle ?

En naissant dans La Famille, la facilité serait d'y rester, comme n'importe quel être vivant qui reste toute sa vie en contact avec ses proches. La notion d'appartenance, semble-t-il, devrait être nuancée, puisqu'on n'appartient pas à La Famille, on ne l'intègre pas. On en est, ou on n'en est pas. On ne prête pas allégeance à cette communauté. En revanche, il y a probablement chez certains membres une envie et une volonté de rester loyal aux valeurs du groupe, à ce qu'il représente. Parfois, car il s'agit tout simplement de leurs proches. Pour d'autres, la convergence idéologique et le bien-être ressenti ne laissera place à aucun doute. Même s'il y a fort à parier que le fait de fréquenter l'école de la République a fait poser de véritables questions à tous les enfants de La Famille, tant ils sont en décalage.

Constate-t-on à l'intérieur de la communauté une persuasion habile ou une manipulation programmée?

Cette question ne laisse pas trop de place au doute. L'absence de gourou dans la communauté La Famille fait qu'il n'y a pas de manipulation programmée établie à l'avance. Pas de petit livre de noir de ce que l'on doit faire ou ne pas faire. Si l'on compare aux Témoins des Jéhovah qui, eux aussi, parlent des « gens du monde », vivent dans une relative autarcie et brandissent de manière récurrente la menace de la fin des temps, ceux-ci diffusent régulièrement des instructions à leurs membres. Pourquoi garder son zèle pour le ministère? « La prédication contribue à la réalisation des prophéties bibliques », répond le fascicule, citant l'Ancien Testament. Dans La Famille, on pioche dans les écrits jansénistes, et surtout convulsionnaires, ceux de François Bonjour, sœur Élisée et de l'oncle Auguste, ainsi que de la Bible. Mais pas d'instructions précises incitant à une manipulation des membres.

Observe-t-on un esprit de corps ou un groupe fusionnel dans La Famille ?

Il y a, à coup sûr, un très fort esprit de corps dans La Famille. C'est le groupe qui l'emporte sur l'individu. Cette solidarité « quoi qu'il en coûte » peut effectivement verser dans le groupe fusionnel dans certaines branches de la communauté. Parfois persuadés d'être le nectar de la race humaine, les personnes de ce groupe veulent conserver à tout prix cette pureté. Elles ont donc perpétué des principes immuables : le mariage consanguin, et le sceau du secret. L'esprit de corps se traduit à chaque fête conviviale, et rappelle une franche camaraderie que l'on retrouve chez les militaires ou les pompiers. Un véritable « esprit de compagnonnage ». Mais, contrairement à ces corps de métier, La Famille est aussi liée par un idéal religieux qui lui est propre. Autrefois, les anciens profitaient de chaque fête pour disserter sur le monde, l'après, et parler religion. Prouvant que cette croyance forte lie ces gens. Au fil du temps, la religion a perdu un peu de place dans la vie des gens de La Famille. Comme dans le reste de la société. Mais elle demeure un des ciments de ce groupe si intrigant.

Y a-t-il dans La Famille un langage mobilisateur ou un néolangage, ou langue de bois ?

En 1985, le rapport Vivien sur les sectes disait qu'on « entre dans une secte avant tout par idéal. Il ne faut pas se tromper. Les sectes manient une langue de bois que l'on n'ose même plus pratiquer ailleurs ! » Et d'affirmer que « les personnes se ruent dans les sectes parce qu'elles ne trouvent plus dans le monde que nous leur avons construit les repères, les moyens de mobilisation, la crédibilité des appareils ». Mais La Famille, elle, n'est pas là pour présenter un modèle de société attrayant. Ce n'est pas un dessert dans une vitrine de pâtisserie sur lequel les passants salivent. On se rapproche plus d'un produit secret qui n'est jamais sorti, que l'on pourrait rêver, fantasmer. Bien que pour cela, encore faudrait-il l'imaginer. Pas de néolangage dans cette communauté, puisqu'il n'y a pas de discours à tenir à l'encontre des personnes de l'extérieur. Toutefois, ce néolangage pourrait ressortir au moment où certains cousins ou cousines ont des velléités de départ. Si personne ne sera jamais prisonnier de La Famille, le discours à l'aune de : « Tu seras mieux ici avec nous » peut ressembler à un discours séduisant utilisé dans une secte pour « tenir » les fidèles. Le langage religieux, à ce moment-là, peut parfois être brandi afin d'expliquer que ce n'est « pas le moment de partir ». (Car la fin du monde est proche, car lorsque le prophète Élie reviendra, il se rendra rue de Montreuil pour aller chercher ses ouailles et les sauver.) Lorsque certains témoins parlent de prosélytisme interne en parlant des méthodes de La Famille, c'est loin d'être erroné. À défaut de séduire de nouveaux publics, il s'agit de continuer à séduire un public qui pourrait s'en aller. Le travail peut ainsi parfois être intense. Et mener à une véritable activité de lobbying chez certaines familles, qui vantent les vertus du groupe, pour le bien-être physique et psychologique des personnes, tant spirituel que religieux. Afin d'annihiler toute velléité de départ. Une de nos nombreuses interlocutrices nous confiait d'ailleurs que plusieurs de ses proches ont pensé à s'en aller. Mais ils ne l'ont jamais fait par facilité, par peur de franchir le pas, par peur de l'extérieur. Il est certain que l'oncle Auguste ou même Vincent Thibout, dernier prophète marquant de La Famille, ont utilisé un langage fort mobilisateur auprès de leurs cousins pour les avertir, les mobiliser, leur parler de Dieu ou de leurs visions.

Table

Préface 7

Introduction 13
Aux origines jansénistes d'une grande famille 17
Les bonjouristes, ancêtres sectaires de La Famille 29
La création d'une grande famille 39
De prophète en prophète 49
Le mariage, un prosélytisme interne? 57
L'épineux problème de la consanguinité 67
La peur de l'extérieur 79
La Famille, un étrange folklore 91
Une culture de l'alcool 101
La préoccupante condition de la femme 109
Une gestion unique de la fin de vie 119
Une jeunesse sacrifiée? 125

Solidarité familiale et confort de vie 137

Un attrayant modèle d'ultraconservatisme 143

La Famille face au départ de ses membres 147

Pardailhan, le grand départ 157

Des communautés satellites, héritage
de Vincent Thibout 167

Au cœur du kibboutz de Malrevers 173

Et si on s'ouvrait ? 193

La Famille face à sa médiatisation 197

Secte ou pas secte ? 201

Conclusion 209

Annexe : rapport Guyard 211

Remerciements

À mes parents, pour leur soutien.
À Laëtitia, pour sa force au quotidien.
À Frédéric Picard, à mes côtés depuis le début de ma carrière de journaliste.
À mon éditrice, Julie Daniel, pour sa confiance.
À Anne Josso, ex-secrétaire générale de la Miviludes.

Achevé d'imprimer par CPI,
en août 2021
N° d'imprimeur : 2059790
Dépôt légal : octobre 2021

Imprimé en France